LES CHARLATANS CÉLÈBRES.

I.

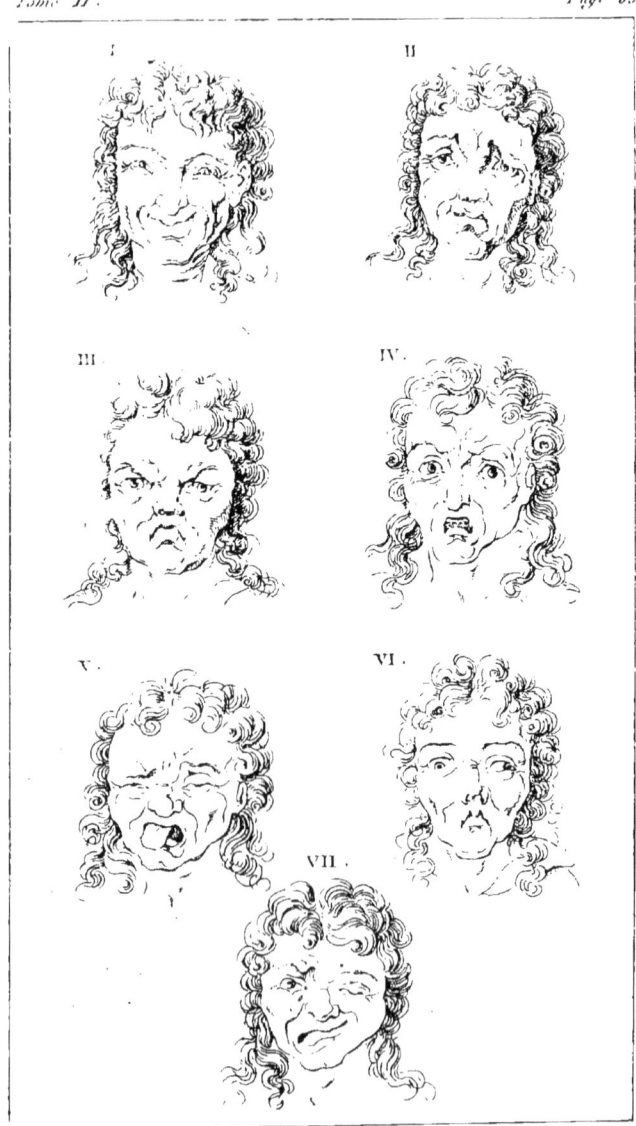

Ars ratioque os distorquendi ......(15.ᵉ Siècle)

LES CHARLATANS CÉLÈBRES,

ou

TABLEAU HISTORIQUE

Des Bateleurs, des Baladins, des Jongleurs, des Bouffons, des Opérateurs, des Voltigeurs, des Escamoteurs, des Filous, des Escrocs, des Devins, des Tireurs de cartes, des Diseurs de Bonne aventure,

Et généralement de tous les Personnages qui se sont rendus célèbres dans les rues et sur les places publiques de Paris, depuis une haute antiquité jusqu'à nos jours.

SECONDE ÉDITION.

TOME PREMIER.

PARIS,
CHEZ LEROUGE, LIBRAIRE, COUR DU COMMERCE,
QUARTIER SAINT-ANDRÉ-DES-ARCS.

1819.

INTRODUCTION,

ou

CHAPITRE PREMIER,

COMME ON VOUDRA.

Voici des Personnages célèbres qui peut-être échappaient à l'attention du lecteur. J'ai pensé qu'il lui serait agréable de pouvoir contempler d'un coup d'œil tous ceux qui s'immortalisèrent ou s'immortalisent encore dans les rues de Paris. Immense réunion de titres à l'admiration! Force du corps, souplesse des nerfs, agilité des mains et des pieds, industrie spéculative et expéditive, prescience des événemens, saillies incomparables.... L'entreprise est beaucoup plus importante qu'elle ne le semble au premier abord. Mes héros, à leur apparition en France, excitèrent un enthousiasme qui pensa faire tourner toutes les têtes; les rues de la capitale se remplirent aussitôt d'orchestres et d'échafauds. Ce furent nos premiers comédiens. Si le lecteur a parfois, sur nos places publiques, prêté attention à quelques-uns de ceux qui leur ont succédé, il a dû remarquer dans leur langage quelque chose de *traditionnel*; ce quelque chose le reporte à ces temps d'un bonheur pur et délectable, où nos bons aïeux se pâmaient d'aise en écoutant les Confrères de la Passion, les Enfans Sans-Souci, et par suite les Gaultier Garguille et les Turlupin. Honneur donc à ces illustres chefs d'une postérité méritante ! à ces vénérables patriarches de l'art dramatique, dont les droits à l'immortalité sont aujourd'hui presque entièrement méconnus d'un public inconstant et vraiment ingrat.

Ces grands génies furent proclamés

alors les oracles du bon goût, et sans doute le parterre de leur temps, quoiqu'il fût debout et en plein air, dut être un juge aussi infaillible que celui de nos jours, qui prononce à couvert et assis sur des banquettes. Je l'avouerai pourtant; dès que j'ai remarqué ce changement d'attitude dans les spectateurs, je me suis empressé de tirer une ligne de démarcation entre les personnages errans et ceux qui voulaient décidément se claquemurer pour commencer comme une nouvelle carrière. N'en déplaise à tous les aimables artistes dont les talens brillent aujourd'hui sur la scène, je n'ai plus considéré comme les vrais descendans desdits patriarches, que ceux qui conservaient les mœurs et la langue primitives. Je ne puis me rendre bien compte à moi-même de ce mouvement spontané; il a dû cependant avoir une cause : sans doute elle sera l'objet des méditations du lecteur.

Pour bien juger de l'importance de cet Ouvrage, il faut donc commencer par réfléchir profondément aux innombrables ressources de l'esprit humain, et se disposer ainsi, peu à peu, à en admirer tous les résultats. Quant à moi, qui ai médité sérieusement sur ce point, il me semble qu'en effet le génie a besoin d'être en plein air pour être vraiment libre de prendre son essor. Telle est, au moins, l'idée qui m'a porté à choisir mes héros au milieu même des rues; seulement, je comprends dans cette expression les carrefours, les culs-de-sac, les ponts, les quais, les places publiques et même les boulevards; mais là se borne ma juridiction: je n'entrerai sous aucun toit; tout abri supporté par quatre murs solides ne peut, à mon avis, qu'étouffer les talens d'un artiste.

Mes Personnages sont connus sous la dénomination générale de *Bateleurs*, de *Jongleurs* et de *Charlatans*. Ces titres en valent bien d'autres, mais l'envie ne cesse de chercher à leur imprimer une sorte de ridicule. Plutarque lui-même, que je suis fâché d'être contraint d'accuser ici, n'est pas exempt de tout reproche à cet égard, et il parle avec assez peu de ménagement de plusieurs de ses grands hommes qui aimaient beaucoup les miens. Leurs talens ne sont pas seuls traités avec cette injustice, il en est de même de leur génie, auquel on a donné le nom burlesque de *farce*; et voici, maintenant, qu'un auteur encyclopédiste ose prétendre que la *farce* n'est autre chose qu'un comique grossier, absolument indigne de plaire à la bonne compagnie.

Ici tant d'idées veulent se précipiter à la fois de mon imagination, que ne pouvant plus en distinguer aucune, je me trouve figurément dans ce même embarras qu'éprouva un jour le bon Montaigne. « Autrefois, dit-il, estant en lieu où c'est discourtoisie barbaresque de ne respondre à ceulx qui vous convient à boire, quoiqu'on m'y traictast avec toute liberté, j'essayay de faire le bon compaignon en faveur des dames qui estoyent de la partie, selon l'usaige du païs ; mais il y eust du plaisir, car cette menasse et préparation d'avoir à m'efforcer oultre ma coustume et mon naturel, m'estoupa de manière le gosier, que je ne sceus avaler une seule goutte et feus privé de boire, pour le besoing mesme de mon repas. » C'est ainsi que mon trop grand desir de répondre m'*estoupe* la pensée ; mais le mieux à faire est, je crois, de citer ici les propres expressions de notre auteur encyclopédiste : le lecteur verra bien que tout ce raisonnement se réfute de lui-même.

« Ceux, dit-il, qui protègent la *farce*, en donnent pour raison que puisqu'on y va, on s'y amuse; que tout le monde n'est pas en état de goûter le bon comique, et qu'il faut laisser au peuple le choix de ses amusemens.

» Que l'on s'amuse aux spectacles de la *farce*, c'est un fait que l'on ne peut nier. Le peuple romain désertait le théâtre de Térence pour courir aux Bateleurs ; et de nos jours, *Mérope* et *le Méchant*, dans leur nouveauté, ont à peine attiré la multitude pendant deux mois, tandis que la *farce* la plus monstrueuse a soutenu son spectacle pendant deux saisons entières.

» Il est donc certain que la partie du public dont le goût est invariablement décidé pour le vrai, l'utile et le beau, n'a fait dans tous les temps que le très-petit nombre, et que la foule se décide pour l'extravagant et l'absurde. Ainsi, loin de disputer à la *farce* les succès dont elle jouit, nous ajouterons que dès qu'on aime ce spectacle, on n'aime plus que celui-là, et qu'il serait aussi surprenant qu'un homme qui fait ses délices journalières de ces grossières absurdités, fût vivement touché des beautés du *Misantrope* et d'*Athalie*, qu'il le serait de voir un homme nourri dans la débauche, se plaire à la société d'une femme vertueuse.

» On va, dit-on, se délasser à la *farce*: un spectacle raisonnable applique et fatigue l'esprit; la *farce* amuse, fait rire et n'occupe point. Nous avouons qu'il est des esprits qu'une chaîne régulière d'idées et de sentimens doit fatiguer. L'esprit a son libertinage et son désordre où il est plus à son aise; et le plaisir machinal et grossier qu'il y prend sans réflexion, émousse en lui le goût de l'honnête et de l'utile; on perd l'habitude de réfléchir comme celle de marcher, et l'âme s'engourdit et s'énerve comme le corps, dans une oisive indolence. La *farce* n'exerce ni le goût, ni la raison; de là vient qu'elle plaît à des âmes paresseuses; et c'est pour cela même que ce spectacle est pernicieux: s'il n'avait rien d'attrayant, il ne serait que mauvais.... »

Je m'arrêterais ici, pour soulager le lecteur, si maintenant notre morose encyclopédiste ne faisait tout-à-coup l'éloge de ce même genre qu'il vient de déprimer: contradiction bien étonnante, mais qui n'est pas, comme on voit, sans exemple chez les auteurs. « Dans le temps, dit-il, que le spectacle français était composé de moralités et de sottises (ce mot n'est point du tout ici une injure: il atteste l'extrême modestie des premiers auteurs dramatiques dans le titre de leurs ouvrages), la petite pièce était une *farce* ou comédie populaire, très-simple et très-courte, destinée à délasser le spectateur du sérieux de la grande pièce. Le modèle de la *farce* est l'Avocat Patelin, *non pas tel que Brueys l'a remis au théâtre*, mais *avec autant de naïveté et de vrai comique.* Toutes ces scènes, qui, dans la copie, nous font rire de si bon cœur, se trouvent dans l'original *facilement écrites* en vers de huit syllabes, et *très-plaisamment dialoguées.* » Le voilà donc qui s'est empressé de réparer son tort envers mes Personnages; et il cite un morceau de la scène de Patelin avec le Berger, petit échantillon assez rare, que je vais lui dérober avec empressement, pour le présenter au lecteur.

PATHELIN.

Or vien çà, parle.... qui es-tu,
Ou demandeur ou défendeur?

LE BERGER.

J'ai à faire à un entendeur,
Entendez-vous bien? Mon doux maistre,
A qui j'ai long-temps mené paistre
Les brebis, et les lui gardoye.
Par mon serment, je regardoye
Qu'il me payoit petitement.
Dirai-je tout?

PATHELIN.

Dea sûrement,
A son conseil on doit tout dire.

LE BERGER.

Il est vrai et vérité, sire,
Que je les lui ai assommées,
Tant que plusieurs se sont pâmées
Maintefois, et sont cheues mortes,
Tant fussent-elles saines et fortes :
Et puis, je lui faisois entendre,
Afin qu'il ne m'en peust reprendre,
Qu'ils mouroient de la clavelée.
Ha ! fait-il, ne soit plus meslée
Avec les autres, gette-la.
Volontiers, fais-je. Mais cela
Se faisoit par une autre voie,
Car, par Sainct Jehan, je les mangeoye,
Qui savoye bien la maladie.
Que voulez-vous que je vous die ?
J'ai ceci tant continué,
J'en ai assommé et tué
Tant, qu'il s'en est bien apperçu ;
Et quand il s'est trouvé déçu,
M'aist Dieu, il m'a fait espier,
Car on les ouist bien crier....
Je sais bien qu'il a bonne cause ;
Mais vous trouverez bien la clause,
Se voulez, qu'il l'aura mauvaise.

PATHELIN.

Par ta foi, seras-tu bien aise?
Que donras-tu, si je renverse
Le droit de ta partie adverse,
Et si je te renvoye absouz?

LE BERGER.

Je ne vous payerai point en soulz,
Mais en bel or à la couronne.

PATHELIN.

Donc, tu auras ta cause bonne.
. . . .
Si tu parles, on te prendra
Coup à coup aux positions;
Et en tel cas, confessions
Sont si très-préjudiciables,
Et nuisent tant, que ce sont diables.
Pour ce, vecy que tu feras,
J'a tost, quand on t'appellera,
Pour comparoir en jugement,
Tu ne répondras nullement
Fors *bée*, pour rien que l'on te die?....

L'esprit de la *farce* est donc fort digne aussi que l'on recueille ses productions, et j'ose me flatter que, dans le cours de cet ouvrage, j'en citerai de beaucoup plus admirables encore que celle-ci. Mes Personnages ont enrichi le discours d'un grand nombre de locutions infiniment originales, et qui sont devenues autant d'adages qui suffiraient seuls pour immortaliser leurs auteurs. La plupart d'entre eux ont fait plus, ils se sont dépouillés de leurs noms en faveur de notre langue, qui s'en est aussitôt enrichie en y adaptant seulement une terminaison uniforme. Ainsi, de PASQUIN elle a fait *pasquinade*; d'ARLEQUIN, *arlequinade* : accepte-t-on des présens de gens que l'on n'estime point? Mais comment peindre, comment interpréter la distinction vraiment hors d'exemple, accordée par elle à TURLUPIN? Enthousiaste de cet illustre patriarche des *farceurs,* et peu satisfaite encore de transformer son nom en substantif et en verbe, elle a voulu, en recueillant son génie, personnifier son caractère, et, après avoir dit *une turlupinade, turlupiner,* elle a décidé qu'un espiègle serait figurément un *vrai Turlupin.* Or, après tant de services rendus à notre langue, et que l'Académie a consacrés dans ses archives, dirai-je que le détracteur de mes Personnages était académicien ? voilà une révélation qui fait frémir ! Sans doute il écrivit dans un moment d'humeur ; ou, sans cela, ce serait un monstre d'ingratitude.

Au surplus, comme dit encore Montaigne, que j'aime par-dessus tout : « Je ne sçay faire valoir les choses plus que ce qu'elles valent ; ma façon n'ayde rien à la matière : voilà pourquoy il me la faut forte, qui aye beaucoup de prinse et qui luise d'elle-mesme. Au demeurant, voici comment j'ai disposé mon Ouvrage. Je l'ai divisé en quatre parties, comme il suit.

La première présente les Personnages Inventeurs. J'entends par là ceux qui furent la souche de mes héros, et qui créèrent tous les genres. On y verra briller successivement LES CONFRÈRES DE LA PASSION, LA BAZOCHE, LES ENFANS SANS SOUCI GUIDÉS PAR LE PRINCE DES SOTS, et nommément les divers patriarches des Baladins, des Bateleurs, des Chanteurs, des Joueurs, des Jongleurs, des Escamoteurs et des Voltigeurs. Cette partie est infiniment piquante par la description des premiers théâtres et l'analyse des premières pièces dramatiques. Elle se termine au moment où de nouveaux comédiens se claquemurèrent et formèrent ainsi un ordre distinct.

La seconde partie contient les PERSONNAGES IMITATEURS. Celle-ci est la plus vaste. C'est vraiment ici la confusion des langues, la dispersion des enfans de Noé; tout est créé, chacun va de son côté, suivant son inspiration, son génie. L'un vend son baume, ou excellente pommade à faire croître les cheveux;

l'autre se livre à la carthonomancie, à la chiromancie, à la nécromancie, à l'art des convulsions, à la recherche de la pierre philosophale, en un mot, à toutes les sciences naturelles et occultes. Là se montrent les brigands fameux, là les plus habiles escrocs; puis les charlatans de tout genre, les bouffons, les joueurs de gobelets, les êtres extraordinaires par leur force ou par leur faiblesse, par leur beauté ou par leur laideur, les monstres, en un mot, les divers phénomènes. Mais ce qui l'emporte encore sur tous ces tableaux, ce sont les hautes infortunes, mélodrames à grand spectacle, avec apparitions, coups de poignards, triomphe de la vertu, punition éclatante du crime, etc. Cette section est chargée d'épisodes, d'anecdotes; je ne finirais pas de l'analyser. -

Viennent, en troisième lieu, les Personnages d'Imagination. Ce sont les différens caractères comiques, êtres chimériques, il est vrai, mais fameux par leurs inventeurs, qui se cachèrent sous ces noms supposés, tels que MEZETIN, SCARAMOUCHE, JANOT, JOCRISSE, etc. Cette section a peu d'étendue, mais elle se distingue par sa haute importance.

Arrivent enfin les PERSONNAGES VIVANS. Cette partie est le véritable complément de toutes les autres : car on y reconnaît tour à tour des Personnages d'imagination, des Personnages imitateurs et des Personnages inventeurs. L'un est poète et musicien en criant ses petits pâtés, ses fourneaux, ou ses lunettes ; l'autre rivalise d'insensibilité avec ceux qui avalèrent de l'huile bouillante ; l'autre imagine de se disloquer pour se resserrer en boule, et exécute ainsi une nouvelle danse à caractère. Ici ce sont des virtuoses, tous admirables et tous différant entr'eux pour le mode de l'exécution : celui-ci met à la fois en œuvre sa bouche, ses mains et ses pieds ; celui-là se contente de frotter les bords harmoniques d'un verre ; cet autre se borne à faire claquer ses doigts. Partout on passe de surprise en surprise. Que de variations, d'inflexions inimitables n'ai-je pas eu à saisir ! Indépendamment des mémoires secrets, des observations communiquées, combien de fois n'ai-je pas dû me rendre sur les lieux, y rester aux écoutes et le crayon en main ! Aussi verra-t-on, dans cette partie, qu'au défaut des expressions du langage, j'ai souvent eu recours aux notes de musique, et c'est surtout en faveur des personnes qui n'habitent point la capitale. Je ne dis rien des aventures merveilleuses d'une chanteuse voilée, qui entraîne le lecteur au-delà des mers et même au milieu des airs : c'était là le comble du merveilleux, j'ai cru ne pouvoir aller plus loin. Chaque section est recommandable, mais cette dernière est vraiment un petit prodige.

Je ne puis trop avertir le lecteur que ce n'est point ici un Dictionnaire, un simple tableau chronologique; c'est un ensemble suivi, approfondi, un ouvrage dont toutes les parties sont liées entre elles, et perdraient nécessairement à être vues isolément. Comme Plutarque, j'ai souvent dû comparer entr'eux mes personnages: l'un accroît son mérite du mérite de l'autre. D'ailleurs, quand on écrit l'histoire, il ne s'agit pas seulement d'amuser, il faut instruire:

> Qui le plaisir à l'utilité joinct
> En ses escrits, le gaigne de tout poinct,

dit Amyot, d'après Horace. Je ne pouvais, certe, choisir un sujet qui réunît mieux ce double avantage. J'ai seulement quelquefois tempéré l'extrême franchise de mes Personnages, par égard pour un siècle où l'on ne veut plus qu'il soit honnête de dire tout ce que l'on pense; du reste, je n'avais qu'à les suivre pour atteindre le but.

Puissé-je l'avoir atteint ! Je le dis avec toute l'humilité d'un homme qui connaît la grandeur de son entreprise : malgré tous mes efforts, tous mes soins pour élever mon style à la hauteur de mon sujet, je ne puis qu'être resté infiniment au dessous de mes Personnages ; je serais confus de m'entendre dire que j'étais vraiment digne d'être leur historien.

LES CHARLATANS CÉLÈBRES.

PREMIÈRE PARTIE.

PERSONNAGES INVENTEURS.

Antiquités.

L'enfance des arts, comme celle des nations, ne peut s'éloigner du chaos, sans porter momentanément l'empreinte du désordre. Je devais peut-être, ainsi que le plus grand nombre des historiens, ne pas remonter à la plus haute origine de mes Personnages. Une scrupuleuse exactitude m'a fait percer la nuit des temps, et j'avoue n'avoir fait que d'assez tristes découvertes, au moins sous le rapport de la morale. Après tout, la gloire du Capitole perdit-elle jamais rien aux mœurs fort suspectes qui avaient environné son berceau?

Sous ce point de vue, mes Personnages, à leur apparition en France, firent aussitôt pressentir combien leur descendance devait être illustre. Cette souche que les monumens me découvrent sous la première race de nos rois, se compose d'un ramas de vauriens, dont l'audace et l'indécence s'accrurent à un tel point, que Charlemagne, à son avénement au trône, crut nécessaire au moins de les intimider. Nos héros, en effet, restèrent quelque temps plongés dans la stupeur; mais leur imagination impétueuse avoit pu sommeiller, et non s'éteindre. Ils reparurent avec plus d'ardeur encore; les quais et les rues ne suffirent plus à l'essor de leur génie : ils dressèrent des théâtres au milieu même des églises; et pour célébrer la fête des Saints, que dans leur enthousiasme ils nommaient la *Fête des Fous*, ils firent tous les ans de pieuses folies, qu'on s'avisa de trouver sacriléges et de traiter d'obscénités. » Et au sortir de là, dit Mézeray, se » promenoient dans des chariots par les rues,

« et montoient sur des eschafauts, chantant
« toutes les chansons les plus vilaines, et fai-
« sant toutes les postures et toutes les bouf-
« fonneries les plus effrontées ». On voit que
je n'avais pas outré les choses.

Cette effervescence dura plusieurs siècles.
Un vénérable prélat, Eudes de Sully, évêque
de Paris, essaya enfin d'arrêter ce déborde-
ment ; mais un mandement épiscopal fut bien
loin d'être une digue assez forte. Il était réservé à la Faculté de Théologie de savoir anéan-
tir ces audacieux : elle conjura les élémens qui
forment les tempêtes ; la foudre se fit entendre, et nos héros disparurent pendant l'orage,
comme le fils de Rhéa-Sylvia. Cet événement
eut lieu en 1444. La police pourrait bien avoir
été ici pour quelque chose.

Si l'on en croit les détails qui nous sont transmis par l'Histoire de Dijon, qui se montre ici
beaucoup plus soigneuse que celle de Paris,
ces fous célèbres avaient leur guidon, leur
étendard. Le cortége s'avançait en grande
pompe vers l'église cathédrale ; là, un âne re-
vêtu d'une brillante chappe, était assis dans
le chœur, et les chanoines lui faisaient tour-

à-tour la révérence, en chantant cette antienne :

> *Orientis partibus,*
> *Adventavit asinus,*
> *Pulcher et fortissimus,* etc.

A quoi le peuple répondait :

> Eh ! eh ! eh ! sire âne, chantez,
> Car belle bouche vous avez.
> Eh ! eh ! sire âne,
> Eh ! eh ! sire âne,
> Eh ! eh ! sire âne, chantez.

Maintenant que cette race criminelle est détruite, à quelques rejetons près, réservés sans doute pour épurer leur génie, et le transmettre aux siècles les plus reculés, contemplons des tableaux plus satisfaisans.

Tout le monde sait que le milieu du douzième siècle avait vu paraître ces poètes aimables qui furent connus sous le nom de *Trouvères* ou *Troubadours*. Je voudrais bien que ces poètes appartinssent à mon histoire ; mais j'aurais beau dire, ce ne furent point des personnages célèbres dans les rues de Paris. Habitans de nos provinces méridionales, et la plupart aussi illustres par leur naissance que par leurs ouvrages, un prince, Guillaume IX, comte de Poitou et duc d'Aquitaine, ne dédaigna point de se placer à leur tête; les chevaliers, les ecclésiastiques, les grands seigneurs, des souverains mêmes s'empressèrent de les imiter. On vit aussi plusieurs dames, non moins recommandables par leur beauté que par une brillante imagination, prendre part à ce nouveau genre de célébrité. Ce fut un enthousiasme général. On reconnaîtra bientôt que s'ils ne furent pas les véritables modèles de mes héros, au moins donnèrent-ils l'impulsion qui ranima leur génie, et rallia les débris épars de cette tige infortunée. Recueillons donc encore sur eux quelques détails importans.

Les œuvres des Troubadours, dit Jean Nostradamus, frère du célèbre Astrologue que, par reconnaissance, je placerai au nombre de mes Personnages et en tête de tous les Diseurs de bonne aventure, se composaient de chansons, de tensons, ou jeux mi-partis, de pastourelles, de novelles ou contes, et de sirventes; c'est-à-dire, selon moi, de poésies galantes, historiques, satiriques et didactiques. Quelques-uns firent aussi des comédies, et toujours ils jouaient dans leurs pièces, ce qui leur fit donner le nom de *comiques*, autrement *comédiens*. Ce double talent de représenter ce qu'ils avaient composé, les mettait en grande considération; ils débitaient également eux-mêmes toutes leurs autres productions : ce qui finit par leur donner fort à faire. Les rois les attiraient à leur cour, les honoraient de leur amitié, leur faisaient présent de chevaux, d'armes et d'habits magnifiques; les grands seigneurs voulaient toujours aussi les avoir près d'eux, et rivalisaient à qui les comblerait de plus de bienfaits. Soit que nos Trouvères ne pussent enfin suffire à tous ceux qui voulaient les entendre, soit peut-être que toujours ils ne réunissent pas les dons de la nature à ceux de l'esprit, peu à peu ils s'habituèrent à faire débiter leurs ouvrages par un organe étranger. Ainsi parurent les CHANTEURS, ensuite les JONGLEURS; puis vinrent les JOUEURS, et enfin les BATELEURS : nouvel essaim qui ramène mes Personnages sur l'horizon, et montre à la fois, en plusieurs groupes illustres, autant de tribus distinctes, qui, partant du même point et conservant la même physionomie, auront pourtant un caractère différent, comme un autre genre de génie ».

On verra peut-être avec peine que mes héros n'occupent plus ici que le second rang. Laissons-les un instant respirer ainsi plus librement : un peu moins de gloire est souvent compensé par une bien plus grande sécurité, et l'événement qui doit les rendre à toute leur ancienne splendeur, leur donnera en même temps un grand et nouvel exemple des vicissitudes humaines. J'ai dit que les Trouvères brillaient aussi par des poésies satiriques ; ce talent causa leur perte : la foudre s'avisa encore de se faire entendre ; toutefois ils ne disparurent pas tout à coup, ainsi que les impies dont j'ai parlé, mais les vents destructeurs les assaillirent avec tant de rapidité, qu'ils cédèrent enfin, et se dispersèrent, comme les feuilles tremblantes et desséchées que l'automne voit s'enfuir avec bruit. Tel fut le sort des malheureux Trouvères.

Pendant ce temps, qu'était-il advenu de nos Personnages ? N'ayant pas eu le premier choc à supporter, ils étaient restés inébranlables, comme autant de pics frappés en vain par les vagues agitées. Au résumé et sans figure, les Chanteurs continuèrent paisiblement à chanter sans accompagnement ; les

Jongleurs et les Joueurs à s'accompagner en chantant, et les Bateleurs à faire des tours de passe-passe et à promener des singes.

 Le tableau se déroule, et déjà les divers talens se montrent caractérisés. On voit maintenant si je devais négliger de parler des Troubadours. Cette époque recélait le germe de bien des merveilles. Ce n'est pas que mes héros n'aient eu encore quelquefois plusieurs bourrasques à essuyer. Par exemple, Philippe Auguste, prince très-peu appréciateur de leur mérite, ne fut pas plutôt monté sur le trône, qu'il fit souffler sur eux le vent de l'adversité; mais ils ne se laissèrent point abattre, et peu à peu ils se fortifièrent au point de n'avoir plus rien à redouter: la France entière avait reconnu leur importance et leur utilité. Je dois dire ici, en l'honneur et gloire des Bateleurs, et pour les personnes qui auraient passé par-dessus mon Introduction, que l'art de faire des tours surprenans et périlleux avec des épées ou autres armes, était connu et même fort aimé des Romains. Plutarque ne fait pas attention qu'en voulant le déprimer, il prouve en même temps sa haute origine. Les Jongleurs eux-mêmes s'étaient montrés bien avant les Troubadours;

ceux-ci étaient encore dans le néant, que les premiers faisaient déjà l'admiration de l'univers. J'ignore si pour la voix et les accompagnemens, ces Orphées ambulans valaient les chanteurs-violonistes de nos jours; mais il est certain qu'ils furent très-célèbres, puisqu'une de nos rues s'honora du nom *des Jongleurs,* qu'elle ne quitta que pour celui de *S. Julien des Ménestriers;* dénomination peut-être un peu plus recherchée, mais qui conserve en soi son étymologie. J'ai dit encore préliminairement que le dictionnaire de notre langue s'accrut des noms de plusieurs de mes Personnages; il s'enrichit aussi du mot *jonglerie,* monument de la reconnaissance académique envers les Jongleurs. Il n'y eut pas jusqu'aux singes de ces derniers pris collectivement avec les Bateleurs, à qui nous dûmes un proverbe, et voici comment. Sous le règne de Saint Louis, tout marchand qui apportait un singe pour le vendre, devait payer quatre deniers à l'entrée de Paris sous le petit Châtelet. Le roi daigna s'occuper de mes Personnages, et établit dans le tarif des droits, « que si le singe appartenait à un Joueur, celui-ci en jouerait devant le péager, et que, par ce jeu, il serait quitte du péage, tant du singe que de tout ce qu'il aurait acheté pour son usage ». De là notre proverbe : *Payer en monnaie de singe,* c'est-à-dire, en gambades.

Voilà sans doute un titre respectable, et qui prouve si les talens de mes héros furent d'une utilité reconnue ; mais il me semble qu'il ne sera pas non plus infructueux de lire ici leur histoire ; car, sans reproche, les traits historiques, les étymologies se succèdent, et ce sera bien encore autre chose dans le paragraphe suivant. *Crescit eundo.*

CONFRÈRES DE LA PASSION.

J'ai dit que la tige de mes héros était restée inébranlable et pleine de vie : voici comme une greffe qui va long-temps s'accroître en se confondant avec le tronc adoptif, et qui, s'écartant tout d'un coup, laissera l'arbre originaire élever seul et librement vers les cieux sa cime majestueuse. On reconnaît à cette branche qui s'éloigne et qu'aussitôt j'abandonne, mon dessein bien prononcé de n'admettre dans mon ouvrage que les mœurs et la langue primitives. Ce rameau délaissé figure donc le théâtre tel qu'il est de nos jours, et la cime majestueuse les précieux rejetons du théâtre tel qu'il fut dans l'origine. Joignons à ce petit préambule, qu'ici va se déployer un nouveau genre de génie, que je présente moins à l'humeur caustique du lecteur, qu'à sa profonde vénération. Les productions un peu diffuses de mes acteurs, et leur zèle novice pourront le faire sourire ; mais ce zèle fut tendre, ces productions furent admirées : c'est assez d'avoir souri,

> Gardez-vous bien de rire en ce grave sujet.

Maintenant nos aimables Françaises seront agréablement surprises, en apprenant que la mode du jour leur donne quelque similitude avec les Confrères de la Passion. Voilà une remarque intéressante, et que tous les romans ne leur eussent point présentée : tant il est vrai qu'à lire l'histoire il y a toujours à gagner ! Au surplus, cette découverte me vient tout naturellement, et sans m'écarter de mon sujet, car je considère ici nos dames en pèlerines, et l'on saura que nos Confrères parurent d'abord en pèlerins. Le lecteur a peut-être autrefois rencontré en France de ces hommes aux épaules recouvertes d'un large mantelet parsemé de coquilles et d'images peintes de diverses couleurs, qui, le bourdon en main, se promenaient en chantant des cantiques. Je me souviens moi-même d'en avoir vu dans mon enfance ; les bambins de mon âge se riaient de leur chant un peu nasillard : quant à moi, naturellement observateur, je ne m'occupais que de leur costume, où déjà je définissais quelque chose d'antique et de vraiment recommandable.

C'est ainsi que nos Personnages commencèrent. Revenant de la Terre-Sainte, ils imaginèrent d'aller par troupes dans les rues et carrefours de Paris, en récitant l'histoire de leur pieux voyage. J'ignore si ces premiers pèlerins nasillaient ou non, mais certainement ils eurent le talent de plaire, et ne l'eurent point à moitié : petits et grands, riches et pauvres, les entouraient en foule, et restaient plongés dans le ravissement. C'était une nouveauté. Ce mot veut tout dire, et mérite, surtout ici, qu'on le pèse : seul, il suffirait peut-être pour répondre à ce poète satirique auquel j'ai plus haut emprunté un vers, et qui cette fois a dit, non dans son *Lutrin*, mais dans son *Art Poétique :*

> Chez nos dévots aïeux, le théâtre abhorré
> Fut long-temps, dans la France, un plaisir ignoré ;
> De pèlerins, dit-on, une troupe grossière,
> En public, à Paris, y monta la première,
> Et sottement zélée, en sa simplicité,
> Joua les Saints, la Vierge et Dieu, par piété.

Bon! me dit mon lecteur d'un ton inquiet, sont-ce nos pèlerins en question qui en agirent ainsi ? — Oui, vraiment, ce sont eux ; mais il me semble que Boileau aurait bien dû considérer le siècle où ils parurent. Les historiens du Théâtre Français sont plus justes dans le passage suivant : « La France désolée par des guerres intestines et étrangères, disent-ils, gémissait dans une ignorance presque totale. On donne une forme dramatique au mystère de la Passion de Jésus-Christ; on élève un théâtre pour en donner la représentation, le peuple y court en foule ; la vue d'un Dieu mourant pour le racheter des peines de l'Enfer, le touche, l'attendrit : il pleure avec effusion de cœur ; et les épisodes burlesques qui accompagnaient un mystère si respectable, loin de distraire sa dévotion, ne font que l'augmenter; car enfin, les choses qui nous paraissent le moins en place, sont peut-être celles qui ont fait le plus d'impression. L'image de l'Enfer, et les discours comiques que les Diables débitaient, faisaient rire les spectateurs ; mais ces derniers n'étaient pas moins effrayés des châtimens réservés aux scélérats ». Voilà qui est raisonner, au moins; sachons gré à nos pèlerins de leur bonne intention. Au surplus, voici comment leur vint cette idée : ce fut le résultat de diverses circonstances.

Les seuls désagrémens peut-être qu'aient à éprouver les artistes en plein air, c'est d'être à l'injure du temps, et d'y exposer les spectateurs. Quelques riches bourgeois, que toujours ravissaient les cantiques de nos voyageurs, s'étant vus souvent surpris par la pluie au milieu de leurs extases, résolurent de faire en sorte qu'au moins les uns pussent se faire entendre et les autres écouter, sans risquer d'être mouillés jusqu'aux os. Ils louèrent une salle à ces illustres chanteurs. Ceux-ci, électrisés par ce bienfait, imaginèrent de mettre leurs cantiques en action. Ce fut sans doute à peu près comme lorsque de nos jours une jeune et joyeuse réunion, après avoir longtemps joué dans un salon aux charades et aux proverbes, tout à coup s'avise d'en représenter : des paravens pour coulisses; des fichus, des jupes de soie transformés en turbans ou en manteaux; les instrumens qui tisonnent ravis au foyer et changés en armes redoutables : peu importe, l'impromptu fit fortune, et cela devait être; nos acteurs furent applaudis à outrance. Ce succès agrandit encore leur génie, et voilà qu'ils ne méditent rien moins que de représenter quelque vaste ensemble dramatique, divisé en plusieurs parties qui cependant soient essentiellement liées entre elles. Ceci était le *non plus ultra*, et annonçait une combinaison vaste et profonde : théâtre régulier, costumes préparés et assortis aux rôles; véritable spectacle de société. C'est presque toujours là ce qui succède aussi au désordre impromptu de nos charades en action; les meilleures têtes se sont communiqué leurs vues; les jolies femmes ont donné leur mot; tout a été arrêté : un costumier est averti; huit jours après, il ne s'agit de rien moins que d'une tragédie en cinq actes, suivie d'un petit vaudeville. De tout temps les hommes furent les mêmes, et je doute qu'ils changent jamais. Tout en eux est inné, ils cèdent sans le savoir à une puissance secrète et invincible....

Avons-nous fait notre âme, avons-nous fait nos sens ?
L'or qui naît au Pérou, l'or qui naît à la Chine,
Ont la même nature et la même origine.

Nos Confrères avaient plus que d'autres des obstacles à vaincre. Je cite ici mes auteurs bien commodément; ces artistes n'en connaissaient aucun. L'idée d'une pièce dramatique leur appartenait entièrement; il leur fallait créer leur répertoire. Ils ne savaient même ce que c'est qu'un acte, et cependant ils sentaient bien qu'il faudrait au moins reprendre haleine. Leur génie pourvut à tout. Décidés à représenter toute la vie de Notre-Seigneur depuis sa naissance jusqu'à sa mort, et un si long drame ne pouvant se jouer entièrement en un jour, ils le divisèrent par journées; cette division était fort naturelle. Incertains si les spectateurs voudraient toujours pleurer ou toujours rire, ils prirent encore un parti extrêmement simple, celui de faire rire et pleurer alternativement ; ce qui était d'autant plus raisonnable, que leur spectacle avait également pour but l'amusement et l'édification des fidèles. Voilà comment, auprès des personnages les plus respectables, ils introduisirent des bouffons, et les rôles de ces derniers n'étaient certainement pas étrangers à l'action, puisqu'ils étaient ordinairement remplis par les Diables, farceurs s'il en fut, dans les momens même les plus critiques. Rien n'empêchait encore que toute la suite des héros du premier rang n'entremêlât chaque scène de lazzis et de quolibets parfaitement convenables à la condition de ceux qui les débitaient ; c'était une fidèle représentation de la société humaine. Nos artistes s'efforcèrent toujours que leur jeu, comme leurs ouvrages, fût plein de naturel et de vérité, et ce fut au point que plusieurs fois un acteur faisant un personnage qui finissait par être pendu, manqua lui-même d'être tout de bon étranglé.

Le lecteur est curieux de juger du style et de la marche du poëme ; cela nous conduirait ici un peu loin, je lui réserve une analyse de tout ce que les Confrères produisirent de plus saillant. Je décrirai aussi la disposition de leur théâtre, pour lequel ils n'avaient point eu de modèles. Ne nous occupons maintenant que de l'étonnement des spectateurs la première fois qu'on leva le rideau.

Ce fut une ivresse universelle, un véritable délire. On ne parla bientôt plus que de ces représentations; les rois eux-mêmes quittaient leurs royaumes pour accourir en France jouir de cette nouveauté ravissante. Le roi d'Angleterre, Edouard II, passa exprès la mer avec la reine sa femme, Isabeau de France, et un grand cortége de noblesse. « Tout y brilla, est-il dit dans l'Histoire de la ville de Paris, par la magnificence des habits, la variété des divertissemens, et la somptuosité des festins. Pendant huit jours entiers, les seigneurs et les princes changeaient d'habits jusqu'à trois fois dans un seul jour; et le peuple, de son côté, représentait divers spectacles, tantôt la gloire des bienheureux, et tantôt la peine des damnés, et puis diverses sortes d'animaux; et ce dernier spectacle fut appelé *la Procession du Renard* ».

Ces fêtes se passaient sous Philippe-le-Bel. Ce fut bien autre chose, lorsque Charles VI fit son entrée dans Paris. Long-temps encore après, on verra les représentations des mystères être les principaux ornemens des réceptions des princes. Les rues et les places se remplissaient alors d'échafauds, et véritablement la disposition particulière du théâtre des Confrères avait besoin de ces vastes emplacemens pour déployer toute sa magnificence. Nos acteurs se surpassèrent pour le jeune roi. Ils firent plus encore à l'entrée de la reine Isabeau de Bavière, épouse de Charles. Il y eut un combat simulé des Français et des Anglais réunis contre les Sarrazins. « Toutes les rues étaient tendues de tapisseries : on trouvait en divers lieux des fontaines d'où coulaient le vin, le lait, et d'autres liqueurs délicieuses ; et sur différens théâtres, on avait placé des chœurs de musique, des orgues, et des jeunes gens y représentaient diverses histoires de l'Ancien-Testament ». On voit si nos Personnages ne figurent pas glorieusement dans l'histoire de la ville de Paris. Leur célébrité croissait en raison de leurs succès ; il serait difficile d'exprimer l'enthousiasme qu'ils faisaient naître ; et cet enthousiasme devint tel, qu'il allait peut-être dégénérer en fanatisme, si M. le prévôt de Paris ne se fût à son tour avisé d'un moyen prompt et fort sûr pour prévenir toutes suites funestes; il fit fermer ces spectacles. Ce revers fut éprouvé le 3 juin 1398, dix-huit ans après les fêtes en l'honneur du roi, treize après celles en l'honneur de son auguste épouse. Le temps s'est écoulé ici un peu vite.

Eh quoi! dira le lecteur attristé, les louables intentions de ces hommes intéressans ne purent les préserver du sort de leurs coupables prédécesseurs? Il est vrai; cette mesure rigoureuse parut indispensable, et il fallut bien s'y soumettre; mais consolez-vous, rarement la vertu reste confondue avec le crime; toujours elle triomphe, et reparaît avec plus d'éclat encore.

Nos artistes éperdus coururent déposer au pied du trône le poids de leur affliction, et s'écrièrent, en implorant la justice de Charles:

Nous sommes innocens! nous sommes innocens!

Plus heureux que les chevaliers infortunés, dont l'histoire tragique me fournit ce beau vers, ils émurent le monarque qui résolut de leur faire droit et tint à sa résolution. Charles ne voulut pourtant pas les croire sur parole. Au moment des réjouissances publiques il n'avait encore que douze ans; se défiant du jugement qu'il avait porté dans un âge si tendre, il voulut alors juger mûrement des effets produits par le jeu de ces artistes et se fit donner une représentation. Ce prince en sortit tellement satisfait, qu'aussitôt, par des lettres et chartes bien et duement *scellées en lacs de soie et cire vertes*, il constitua nos acteurs en société régulière sous le titre de CONFRÈRES DE LA PASSION, avec ordre à sergens de la douzaine et sergens à verges d'être présens aux représentations; « Voulons, spécifie le monarque ; afin qu'un chacun par dévotion se puisse et doibve adjoindre et mettre en leur compagnie, à iceux maistres, gouverneurs et Confrères de la Passion Nostre Seigneur, avons donné et octroyé, donnons et octroyons de grâce espécial, pleine puissance et autorité royal, ceste fois par toutes et à toujours perpétuellement par la teneur de ces présentes lettres, autorité, congé, et licence, de faire joüer quelque mystère que ce soit, soit de ladite Passion et Résurrection, ou autre quelconque, tant de saincts, comme de sainctes qu'ils voudront eslire, et mettre sus, toutes et quantes fois qu'il leur plaira, soit devant nous, devant notre *commun* (peuple) et ailleurs, tant en *recors* (musique) qu'autrement, etc. » et plus bas : « et un chacun d'iceux, durant les jours desquels ledict mystère qu'ils joueront se fera, soit devant nous ou ailleurs, tant en recors comme autrement, ainsy, et par la manière que dit est, puissent aller, venir, passer, et rapasser paisiblement, vestus, habillez, et ordonnez un chacun d'eux en tel estat ainsi que le cas le desire, et comme il appartient, selon l'ordonnance dudit mystere, sans distourbier et empeschement...... » et enfin : « Si donnons en mandement *au prevost de Paris* et à tous nos autres justiciers et officiers présens et à venir, ou à leurs lieutenans et chacun d'eux, si comme il luy appartiendra, que lesdicts maistres gouverneurs et confrères, et un chacun d'eux fassent, souffrent, et laissent joüyr et user pleinement, de notre présente grâce, congé, licence, don et octroy dessus dict, *sans les molester*, faire, ne souffrir, empescher, etc., etc., PAR LE ROI. »

Nos artistes ne pouvaient certainement être

réhabilités d'une manière plus glorieuse. Ils poursuivirent donc la gradation de leurs succès, et les choses en vinrent au point que MM. les curés, pour faire plaisir à leurs paroissiens et ne pas les priver du spectacle, avancèrent l'heure des vêpres; conduite bien différente de celle d'aujourd'hui où l'on n'avance pas même l'heure du dîner, pour faire commencer plutôt, et rentrer un peu moins tard.

Le lecteur s'intéressait à ces personnages, je n'ai pas voulu les quitter qu'ils ne fussent arrivés dans un port sûr et absolument à l'abri des tempêtes; mais il est certain que je me suis un peu écarté de ma route. Leur premier théâtre fut élevé, dit-on, à St.-Maur, bourg peu distant de Vincennes. Charles VI leur assigna l'Hôpital de la Trinité, sis hors la porte Paris. Je crois cependant qu'alors même ils ne cessèrent point d'appartenir à mon histoire, car s'ils ne jouaient plus précisément en plein air, il est à présumer qu'ils jouaient toujours *gratis*, ou au moins pour une rétribution libre et bien légère, puisque deux cents ans après, les premières places n'étaient encore qu'à six blancs. S'il faut dire toute la vérité, afin d'atténuer en quelque sorte le procédé un peu brusque de M. le prévôt de Paris, il les avait soupçonnés d'exiger un paiement des spectateurs. Ce magistrat était pourtant au fond un excellent homme.

MACHINES, ART DE LA VOLTIGE, ASCENSION SUR LA CORDE.

Avant de donner les détails littéraires que j'ai promis, je ne dois pas oublier que j'ai montré tous les genres de talens prenant à la fois leur essor. La plupart d'entre eux se signalèrent aux fêtes données en l'honneur de la reine Isabeau. J'ai parlé des joueurs d'orgues : « et il y eut, dit l'historien de la ville de Paris, des machines par le moyen desquelles des enfans habillés comme on représente les anges, descendaient et posaient des couronnes sur la tête de la reine. » Voilà un petit avant-goût de notre grand opéra, les machinistes verront sans doute avec plaisir qu'ils figurent aussi dans l'histoire. Mais un art qui déjà faisait rivaliser ce siècle avec le nôtre, c'est l'art de la voltige, c'est l'art des ascensions sur la corde. Tout le monde a, de nos jours, à Tivoli ou aux fêtes impériales, admiré l'aimable madame Saqui, lorsqu'au milieu de l'épouvantable détonation des grosses pièces d'artifice et de leurs tourbillons enfumés, calme, à la lueur des feux de Bengale, et debout sur la corde tendue obliquement à soixante pieds de hauteur, elle suivait la route étroite et périlleuse qui la conduisait au faîte du grand mât. Souvent dérobée à tous les regards par les ondulations épaisses qui s'accumulaient autour d'elle, et toujours reparaissant, vive, légère, brillante et imperturbable, on eût dit, à sa robe flottante, à sa démarche assurée, une Immortelle au milieu des nuages agités, regagnant paisiblement sa céleste demeure; et cependant, trop certains que ce n'était qu'une simple mortelle, nous frémissions : le col tendu, la bouche béante, n'osant ni respirer ni nous mouvoir, nous craignions toujours que le jaloux maître des dieux ne vît avec humeur ces nouveaux efforts des enfans de la Terre. Eh bien! quatre cent vingt-cinq ans auparavant, Saqui avait eu un rival. Que dis-je! son illustre ancêtre avait peut-être osé plus encore. Il ne fit que glisser, il est vrai, sur son étroit et fragile sentier, mais aucune enceinte ne borna son essor : vraiment digne d'être célèbre parmi les plus célèbres des personnages ambulans, il s'éleva au-dessus de tous les échafauds, et passa par dessus les rues et les maisons. Malheureusement son nom ne nous a pas été transmis. Ce fut encore en l'honneur de la reine Isabeau, en 1385; cette époque est vraiment recommandable. Ecoutons les historiens. « Mais, disent-ils, le spectacle le plus surprenant qu'il y eut à cette entrée, fut l'action d'un homme qui se laissant couler sur une corde tendue depuis le haut des tours de Notre-Dame jusqu'à l'un des ponts (le pont au Change) par où la reine passait, entra par une fente ménagée dans la couverture de taffetas dont le pont était couvert, mit une couronne sur la tête de la reine, et repartit par le même endroit, comme s'il s'en fût retourné au ciel. L'invention était d'un Génois qui avait tout préparé depuis long-temps pour ce vol extraordinaire; et ce qui contribua à le rendre encore plus remarquable, même loin de Paris, c'est qu'il était fort tard, et que l'homme qui faisait ce personnage, avait, à chaque main un flambeau allumé, pour se faire voir et admirer la beauté d'une action aussi hasardeuse que celle-là. »

Si ce n'était pas un Saqui, c'était certainement un Forioso.

DISPOSITION DU THÉATRE DES CONFRÈRES DE LA PASSION.

L'avant-scène était à peu près ce que nous la voyons aujourd'hui; mais le fond mérite une attention sérieuse. Il se trouvait encombré d'échafauds placés les uns sur les autres et nommés *établies*, qui tous figuraient différemment. Par exemple :

Le plus élevé était censé le paradis ;

Celui de dessous marquait l'endroit le plus éloigné du lieu où la scène se passait ;

Le troisième représentait un palais ;

Le quatrième, une maison ; et ainsi de suite selon le sujet de la pièce. Souvent aussi la décoration était bien plus compliquée.

Voici, d'après un auteur contemporain, la description des établies dans un mystère intitulé: l'*Incarnation et Nativité de Notre Sauveur Jésus-Christ* : « laquelle fut monstrée par personnaiges, l'an M. CCCC. LXXIV, les festes de Noël, en la ville et cité de Rouen : et estoient les établies assises en la partie septentrionale d'iceluy, depuis l'hôtel de la Hache couronnée jusqu'en l'hôtel où pent l'enseigne de l'Ange. »

Ier. ÉTABLIE. — LE PARADIS.

« Ouvert faict en manière de throsne, et reçons d'or tout autour; au milieu duquel est Dieu, en une chaiere parée, et au costé dextre de lui Paix, et soubz elle Miséricorde: et au senestre Justice, et soubz elle Vérité : et tout autour d'elles, neuf Ordres d'Anges les uns sur les autres. »

IIe. ÉTABLIE. — NAZARETH.

« 1. La maison des parens de Nostre-Dame.
2. Son oratoire.
3. La maison de Elizabeth en montaigne. »

IIIe. ÉTABLIE. — JÉRUSALEM.

« 1. Le logis de Symeon.
2. Le temple de Salomon.
3. La demeure des Pucelles.
4. L'ostel de Gerson, scribe.

5. Le lieu du peuple payen.
6. Le lieu du peuple des Juifz. »

IVe. ÉTABLIE. — BETHLÉEM.

« 1. Le lieu de Joseph et de ses deux cousins.
2. La crache ez beufz.
3. Le lieu où l'en reçoit le tribut.
4. Le champ aux pasteurs, contre la tour Ader. »

V^e. ÉTABLIE. — ROME.

« 1. Le chasteau de Sirin, prevost de Syrie.
2. Le temple Apollin.
3. La maison de Sibille.
4. Le logis des princes de la Synagogue.
5. Le lieu où l'en reçoit le tribut.
6. La chambre de l'Empereur.
7. Le throsne d'icelluy.
8. La fontaine de Romme.
9. Le Capitole. »

Ce n'est pas tout. Se voyaient encore : *six Etablies* « qui estoient hors des autres, en diverses places et parties d'iceluy neuf marchiez. » C'étaient les places des six Prophètes : « Balaam, David, Ysaye, Hiérémie, Ezéchiel et Daniel. »

Puis : « le Limbe des Pères faict en manière de chartre, et n'estoient veus sinon au-dessous du faux du corps. » Ce lymbe contenait : « Adam, Eve, Abraham, Jacob, et Hély, père de Joseph, mary de Nostre Dame. »

Etait pratiqué enfin, sur le bord du théâtre, à peu près à l'endroit où l'on place maintenant une trappe : « ENFER, faict en maniere d'une grande gueulle, se cloant, et ouvrant quan besoing est. Et estoit, dit une chronique manuscrite, la bouche d'Enfer très bien faicte, car elle ouvrait et clooit quand les diables y voloient entrer et yssir, et avoit deux gros eulx (yeux) d'acier. »

Le lecteur reconnaît, à cette description, que le théâtre des Confrères de la Passion avait réellement besoin d'un emplacement vaste, d'une place publique en un mot ; un local circonscrit ne pouvait que mettre tout dans la confusion. Il a dû remarquer aussi, qu'indépendamment de différens édifices fort distincts, chaque Établie représente une Ville ou un Village, et qu'ainsi se trouvent rapprochés divers pays souvent fort distans les uns des autres : moyen fort ingénieux, selon moi, et qui au besoin placerait à la fois sous les yeux des spectateurs, les quatre Parties du Monde, sans préjudice du Firmament. Tout cela devait, ce me semble, produire au lever du rideau, un magnifique coup d'œil. On demandera maintenant comment pouvait se faire une exposition claire et précise des lieux et du sujet? La chose était prévue; l'on y procédait par une manière bien simple. Non seulement à chaque ville, mais encore à chaque édifice était attaché un petit écriteau, ainsi que l'attestent ces deux vers du prologue :

> Présens des lieux, vous les pouvez congnoistre
> Par l'escript tel que dessus voyez estre.

Il n'y avait donc pas la moindre difficulté à cet égard, et l'on peut dire même que cet usage était infiniment commode. Par la même raison, les différens peuples qui formaient les personnages, étaient aussitôt désignés aux spectateurs, car le lever de la toile montrait présens tous ceux qui devaient jouer dans la pièce, et chacun était à son poste. De manière que les acteurs qui se trouvaient sur un Établie étiqueté **VILLE DE JUDÉE**, étaient certainement des Juifs, et ceux qui habitaient ROME, évidemment des Romains. Il n'y avait jamais à se méprendre sur le Père Éternel.

Le public se trouvant ainsi parfaitement mis au fait, avant même que l'on eût parlé, les acteurs descendaient sur le théâtre et la pièce commençait. Il y avait sur les côtés, des espèces de gradins sur lesquels s'asseyaient ceux dont ce n'était pas le tour de parler, car aucun ne quittait la scène que son rôle ne fût fini ; il suffisait de s'asseoir pour être censé absent. Je regrette un peu moins cet expédient qui sans doute prêtait peu à l'illusion, puisqu'Hérode, par exemple, pouvait fort bien avoir entendu que les trois Mages ne reviendroient pas le trouver; mais c'était la loi invariable de ce temps-là, et il faut croire que cet usage était reconnu pour être le meilleur, puisqu'en dépit de quelques écrivains qui le blâmèrent, il se soutint jusqu'au moment où des novateurs, d'après je ne sais quel Aristote, défigurèrent entièrement le théâtre primitif.

Maintenant que tout le monde est en scène, occupons-nous de la représentation. J'oubliais de dire qu'il était pourtant une circonstance où certains personnages disparaissaient, au moins pour quelques instans. Cette exception avait lieu en faveur de Ste. Anne ou de la Vierge, lorsqu'il s'agissait de l'accouchement. A cet effet, était pratiquée sur le théâtre une petite niche en forme de chambre, où l'actrice (ou plutôt l'acteur, car les rôles de femmes étaient toujours remplis par des hommes) entrait au moment des douleurs supposées, et l'on tirait aussitôt les *custodes*, c'est-à-dire les rideaux.

POÈMES DRAMATIQUES, REPRÉSENTÉS PAR LES CONFRÈRES DE LA PASSION.

LE MYSTÈRE DE LA CONCEPTION ET NATIVITÉ DE LA GLORIEUSE VIERGE MARIE, avec LE MARIAGE D'ICELLE, LA NATIVITÉ, PASSION, RÉSURRECTION ET ASSENCION DE NOSTRE-SAUVEUR ET RÉDEMPTEUR JESU-CHRIST; jouée à Paris l'an de grâce mil cinq cens et sept; imprimée audict lieu, pour Jehan Petit, Geuffroy de Marnef et Michel Le Noir, libraires jurés en l'Université de Paris, demeurans en la grant rue S. Jacques.

Je commence par ce poëme préférablement

à celui dont j'ai parlé au paragraphe précédent, parce qu'il justifie mieux le titre des *Confrères de la Passion;* c'est d'ailleurs les contempler dans un moment où l'expérience et de nombreux succès ont dû, s'il est possible, ajouter encore à leur génie. Ce Mystère était cependant connu dès l'an 1402, mais je le présente ici avec des « addicions et corrections faictes par très-éloquent et scientifique docteur maistre Jehan Michel. » Il fut joué aussi « à Angiers moult triumphantement. » L'original de cet ouvrage est, dit-on, un petit in-folio, avec des figures en bois, contenant 352 feuillets, c'est-à-dire 704 pages à deux colonnes, chaque colonne à 48 vers. Je devrai la réunion de mes matériaux aux historiens du théâtre français; seulement je vais tâcher d'analyser en quelques pages ce qu'ils ont analysé en plusieurs volumes.

Ce Mystère est divisé en cinq Journées, et ce n'est certainement pas trop pour le développement de tout le sujet; il est vrai que la première est elle-même divisée en deux, ce qui, de bon compte, porte la somme totale à six Journées. Ne nous occupons d'abord que de la *première des deux premières;* je préviens même le lecteur que ce sera la seule que j'examinerai de point en point : il faut bien qu'il ait une idée précise de ces productions qui jouirent d'une si grande célébrité. Ce sixième est intitulé : *Le Mystère de la Conception de la Vierge Marie, la Nativité d'icelle, avec la Naissance de Jésu-Christ.*

Cette première subdivision n'a pas moins de 104 personnages pour sa part. Sans les énumérer tous ici, je me contenterai de dire qu'après le Paradis, qui présente Dieu le Père, Jésus-Christ, le Saint-Esprit « en forme de Coulomb blanc, » la Sainte Vierge Marie, et une demi-douzaine d'Archanges, plus un chœur d'Anges et cinq Vertus; le reste se compose de toute la Sainte Famille, de Bergers et Pauvres, descendans de David; d'une Prophétesse, d'un Prêtre, d'un Grand-Prêtre, de dix ou douze Pucelles, de Docteurs de la loi, de Juifs habitans de Jérusalem, des Mages, de Chevaliers de leur suite, de Bergers des environs de Bethléem, de plusieurs Hommes et Femmes de cette même ville; d'Hérode avec son Fils, sa Sœur, sa Nourrice, son Trompette, son Messager, un Chevalier, un Capitaine de sa suite et divers autres de ses Satellites; d'un Prévôt de Judée, de deux Idolâtres, et enfin, de Lucifer, roi des Enfers, accompagné de six de ses sujets du nombre desquels est Cerbère. Après avoir désigné par leurs noms tous ces différens personnages, les historiens du Théâtre-Français avertissent qu'il est impossible de marquer le lieu où se passe la scène, parce qu'elle change trop souvent. Véritable genre Shakespéarien.

Avant de m'occuper du style, je vais donner une idée rapide de la marche de l'action. Le début n'occupe que le Paradis, c'est-à-dire que tous les autres personnages sont assis et censés ne rien entendre. Cette scène a pour texte: *la Supplication pour la rédemption humaine;* c'est annoncer que les ANGES implorent la miséricorde divine en faveur de l'homme coupable. PAIX ET MISÉRICORDE se jettent aussitôt aux pieds de DIEU LE PÈRE, qui se laisserait toucher, si JUSTICE et VÉRITÉ ne représentaient vivement qu'il ne peut pardonner sans faire tort à chacune d'elles. DIEU gémit de ne pouvoir dire qu'elles aient tort. Adam mourra donc, mais il est décidé de chercher un homme sans péché qui, par une mort volontaire, rachète le genre humain. Les quatre Vertus susnommées descendent alors sur terre pour chercher le rédempteur. Celle qui reste auprès de Dieu le père, est SAPIENCE.

Arrivent les Diables qui, après plusieurs soubresauts, se promettent bien de porter obstacle à un pareil projet. Les quatre Vertus tardent peu à revenir sans avoir pu trouver l'homme juste qu'elles cherchaient, et remontent au ciel. Chœur d'Anges. Suit toute l'histoire de S. Joachim, premier mari de Ste. Anne et père de la Sainte Vierge. Joachim arrive avec ses bergers et fait diverses aumônes; il n'est alors âgé que de quinze ans. Deux scènes plus loin, il est parvenu à sa vingtième année, et ses oncles Barbapanter et Arbapanter veulent absolument le marier. Il est dit que de Joachim ou de sa race doit naître le roi promis aux Juifs, et les violences des soldats d'Hérode annoncent le prochain avènement du rédempteur. Devant chercher à leur neveu une épouse qui soit de sa tribu, ils vont trouver Ysacar; celui-ci, précisément à leur arrivée, s'entretenait avec sa fille Anne, de la naissance d'une vierge qui, selon les prophéties devait enfanter le Messie. Le mariage est donc aussitôt conclu et même formé, car tout le monde à l'instant marche au temple. Pendant ce temps quelques personnages subalternes occupent la scène en débitant des lazzis. Les époux à leur retour se promettent de vouer à Dieu l'enfant qu'il fera naître d'eux.

Hérode arrive avec son fils Antipater et exile ses deux autres fils Alexandre et Aristobule accusés de chercher à l'empoisonner. Son messager Rapporte-Nouvelle est chargé d'aller à Rome leur porter cet arrêt ; on sait que Rome n'est pas loin. Murmures des Juifs. Il faut dire que, dans la pièce, Hérode est *Payen*, et Cirinus, le prévôt de Judée, *Mahométan*. Déjà vingt ans se sont écoulés depuis qu'Anne et Joachim sont mariés. Chagrin de ces époux de n'avoir point d'enfans. Deuil de Joachim dont l'oblation a pour cette cause été refusée du grand-prêtre. Les deux époux implorent l'assistance de Dieu ; un ange leur apparaît et leur prédit la naissance de MARIE qui sera mère de JÉSUS. Ils ont peine à le croire, après une si longue stérilité ; mais aussitôt Anne sent des douleurs : elle se couche, tire les custodes et enfante Marie, qui, la scène d'après, se trouve âgée de trois ans. On décide sur-le-champ de la présenter au temple, et non seulement la petite va fort bien à pied de Nazareth à Jérusalem, mais elle monte même toute seule et plus vite que ses parens, les quinze degrés du temple; ce qu'à peine, observe un de ses cousins, aurait pu faire un homme de vingt-quatre ans. Dieu ordonne à ses anges de prendre soin d'elle. On la voit ensuite qui « besongne avecques les Pucelles, et ont chacune ung petit mestier. » Mais Marie quitte tout à coup ses compagnes pour aller lire dans un petit livre qui renferme les écrits du saint homme Isaye, et « elle tombe justement sur le chapitre où ce prophète parle d'une vierge qui devait concevoir et enfanter le Messie. » Pendant ce temps l'ange Gabriel vient la visiter. Tout cela, joint au bruit de ses vertus, intrigue beaucoup Satan qui court en faire un rapport à son roi.

Sur ces entrefaites, Joachim s'avise de mourir. Anne est aussitôt remariée à Cléophas; mais ce n'est pas pour long-temps, ou le temps passe extraordinairement vite, car deux scènes après, Anne est encore veuve. Remarions-la vite, disent ses parens, et on lui donne pour troisième époux Salomé. De son côté, Hérode fait toujours murmurer les Juifs, qui cependant restent dans une paisible indolence ; mais Marie emploie mieux son temps, car elle a pour lors atteint ses quatorze ans. Elle demande à rester au temple pour y vouer à Dieu sa virginité. Le grand-prêtre, trouvant la proposition délicate, va prendre l'avis des anciens, et l'on se met en prière pour connaître la volonté du Très-Haut. Gabriel vient alors annoncer aux Juifs que tous les descendans de David aient à se rendre au temple, chacun une verge à la main, et déclare que celui dont la verge fleurira, devra être l'époux et le gardien de la jeune vierge. Joseph devient l'époux de Marie et tous deux se promettent de vivre dans la continence.

Gabriel est venu annoncer à Zacharie la nativité de S. Jean-Baptiste. Le procès de l'homme coupable recommence en paradis, et Sapience déclare qu'il faut que ce soit un Dieu fait homme qui meure pour les humains. Dieu le père consent au mystère de l'incarnation, et Gabriel est aussitôt renvoyé vers la Vierge Marie. Suit la salutation angélique. Marie va voir sa cousine Elizabeth. Elles se félicitent mutuellement. Tous ces mouvemens font revenir les Diables à qui les oreilles tintent d'un Messie et qui complotent entre eux de le faire tenter dès qu'il paraîtra. Satan est chargé de rester aux aguets. Suit l'accouchement d'Elizabeth, puis « le doubte de Joseph touchant l'incarnation du fils de Dieu », mais l'ange lui apparaît pendant son sommeil et ses soupçons s'évanouissent.

Mandement impérial publié en Judée pour que chacun se fasse enregistrer dans sa ville natale. Marie et Joseph vont à Bethléem. La crèche. Scène de bergers. Oraison de Siméon. Nativité de Jésus. L'ange apparaît aux bergers. Les rois Mages et l'étoile qui les guide. Présens des uns et des autres à l'enfant Jésus. Cantique de Siméon. Fureur d'Hérode. Dieu ordonne à Joseph de fuir en Egypte avec Jésus et Marie. Nouvelle irruption des Diables à la nouvelle de tout ce qui s'est passé. Lucifer s'en prend à Satan auquel il fait donner un *punivimus* pour être venu l'avertir trop tard. Il lui pardonne enfin, et l'envoie conseiller à Hérode de faire massacrer les Innocens.

Jésus passe en Egypte, et son approche fait tomber les idoles. Ce pays sacrifie *au grant Dieu Mahommet*. Grand étonnement de tous les Payens en voyant chacun de leurs dieux se renverser tout-à-coup et se briser. Pendant ce temps les Innocens sont mis à mort. Il arrive même par une méprise que le fils d'Hérode est du nombre, mais le roi s'en console pourvu qu'on n'ait point «laissé échapper *Christus*.» Hérode meurt. Jésus revient de l'Égypte; il est conduit au temple, et étonne les docteurs par son éloquence. Joseph et Marie, qui ne savaient ce qu'il était devenu et le cherchaient avec une vive inquiétude, le retrouvent enfin. Telle est cette première des deux premières Journées qui se termine par un *prologue finable*, autrement dit un épilogue.

Maintenant faisons juger au lecteur du mérite de l'exécution.

Dans la Supplication pour la rédemption humaine :

DIEU.

Par quoi fault en conclusion,
Affin d'appaiser leur discord,

Que soit faict une bonne mort :
C'est que Adam meure ainsy le fault,
Pour obtenir par son deffault
Miséricorde à tous humains.

Scène des Diables, qui d'abord *se pourmainent faisant semblant de chercher le Martyre.*

LUCIFER.

Diables d'Enfer, horribles et cornus,
Gros et menus, ors regardz basiliques,
Infâmes chiens, qu'estes-vous devenus ?
Saillez tout nudz, vieulx, jeunes et chanus,
Bossus, tortus, serpens diaboliques,
Aspidiques, rebelles tyraniques,
Vos pratiques de jour en jour perdez.
Traîtres, larrons d'Enfer, sortez, vuidez.....

SATHAN.

Que te faut-il, mastin inraisonnable ?
Abominable puant, vilain, infaict,
Pensa, goulu, esperit insaciable,
Increpable, infâme, damné diable,
Villénable......

BÉLIAL.

Orde trongne, sac plein de pourriture......

Tandis qu'Anne et Joachim sont au temple pour se marier :

UN BERGER.

Femmes ont les testes ligères,

Et ne peut-on trouver manières
Leur faire garder la maison.

UN AUTRE BERGER.

Aucunes usent de blazon,
Et mettent de leur foy promise,
Après qu'ils ont fait mesprison,
Selon le temps et la saison.....

Le Grand-Prêtre réfléchissant à l'état présent de la race des rois de Juda, établit la généalogie de Joachim.

RUBEN.

Il me semble, pour faire fin,
Qu'encore le bon Joachin
En est extraict, qu'il soit ainsy,
Je trouve en escrypt sur cecy
Que David eut (cela noton)
Deux fils, Nathan et Salomon :
C'est ce qui me rend assouvy.
De Nathan est venu Levy ;
Lequel engendra Panthera,
Et Panthera Barpantera,
Dont Joachim est descendu.
Ainsy doncques, bien entendu,
Joachin est de la lignée
Royaulx.

Joachim n'ayant point d'enfant, ce même Ruben refuse son offrande, parce qu'il est, dit-il,

Excommunié, interdit.

INVENTEURS.

JOACHIN.

Las! qu'esse que vous avez dit?

L'ange étant venu annoncer à Anne qu'elle allait être mère, les deux époux, tout joyeux, se parlent avec effusion de cœur :

ANNE.

Joachin, mon amy très-doulx,
Honneur vous fais et révérance.

JOACHIN.

Anne, ma mye, votre présence
Me plaist très-fort, approchez-vous.

ANNE.

Hélas! que j'ai eu de courroux,
Et de soucy pour vostre absence.
Joachin, mon amy très-doulx,
Honneur vous fais et révérance.

JOACHIN.

Dieu a huy besongné sur nous,
Et monstré sa grant préférance;
Cueur saoul ne scet que le jun pense,
Leurs souhais n'ont les hommes tous.

ANNE.

Joachin, mon amy très-doulx,
Honneur vous fais et révérance.

JOACHIN.

Anne, ma mye, votre présence
Me plaist très-fort, approchez-vous.

« *Icy baisent l'ung l'autre* ».

Des Bergers, pressentant la mère du Christ, voudraient pouvoir hâter le moment de sa naissance :

> Les pastourelles chanteront ;
> Pastoureaux getteront œullades ;
> Les Nymphes les escouteront,
> Et les Driades danseront
> Avec les gentes Oréades.
>
> Pan viendra faire ses gambades
> Revenant des Champs-Élisées ;
> Orpheus fera ses sonnades,
> Lors Mercure dira ballades,
> Et chansons bien auctorisées.
>
> Bergères seront oppressées.....

Tandis que Anne accouche :

LA CHAMBRIÈRE, à *Joachim*.

> Joués de retraicte,
> Monsieur, s'il vous plaist, car madame
> D'elle-mesme est tendre femme ;
> Et n'est point requis qu'on tempeste
> A l'accouchée ainsi la teste,
> Et n'a que faire de blazon......

Aussitôt qu'elle est accouchée :

ANNE, à *Marie*.

> Tu es tant belle,
> Jamais de telle

Ne fut au monde;
Gente pucelle
De Dieu ancelle *,
Très-pure et monde;
Tu es féconde,
Nulle seconde
Et n'auras, doulce columbelle:
Car la grâce de Dieu redonde
Jouc aux cieulx, et superabonde:
Anges chantent de la nouvelle.

LA CHAMBRIÈRE.

Ainsy que une luysante estoille,
Sa face reluit, ma maitresse:
Mais donnez-luy vostre mamelle......

Marie, âgée de trois ans, va au temple.

UTAN.

Vous porteray-je?

MARIE.

Je suis forte
Assez pour cheminer ung an.

Se voyant au temple avec les Pucelles, et songeant à lire Isaïe:

MARIE.

Mes compaignes, je vous emprîe,
Allez devant, car j'ay affaire

---

* *Ancilla*, servante.

Icy pour un cas nécessaire
Que suis contente de parfaire.

Le bruit de ses vertus effraie Satan qui court faire son rapport au roi des Enfers.

SATHAN.

El est plus belle que Lucresse,
Plus que Sarra dévote et saige ;
C'est une Judic en couraige,
Une Hester en humilité,
Et Rachel en honnesteté ;
En langaige est aussi bénigne
Que la Sibille Tiburtine ;
Plus que Palas a de prudence,
Que Minerve a de loquence ;
C'est la nompareille qui soit....

Joachim vient de mourir. Apprenant cette nouvelle,

BARBAPANTER.

Remède n'y a, il est mort :
Velà nous sommes tous mortelz.....

ABIAS.

Qui me croyra, on mariera
Anne de rechef.

ANNE.

Cuidez-vous que j'aye le couraige

D'estre mariée? nenny non;
Las! j'avais ung mary si bon,
Si courtoys, et si aimable.....

On lui propose aussitôt Cléophas;

ANNE.

Nonobstant que je n'aye couraige
D'estre mariée; mes amys,
Faictes ainsy qu'il est permis
Selon la loy.

Cléophas venant de mourir à son tour :

BARBAPANTER.

  Sans un chief
Masculin en une maison.,
Il n'y a ne rime ne raison;
Qu'il soit ainsy, je vous le preuve:
Il y a mainte femme veufve
Qui perd ses biens à la volée
Par faulte d'estre mariée :
Une femme seule n'est rien.

ANNE.

Vous savez que je doy entendre
A faire votre bon plaisir;
Pour ce, selon votre desir
Soit faict.

L'Ange révèle aux Juifs que Jésus naîtra de Marie :

GABRIEL.

Egredietur virga de radice Jesse.
Ceste très-noble prophécie
Est au douziesme de Ysaye.....

———

Ruben convoque au temple tous les descendans de David :

On vous faict à sçavoir à tous
Qui de David estes issus,
Que veniez sans attendre plus
Au temp'e d'ung vouloir humain,
Et que chacun ait en sa main
Une verge, car Dieu l'ordonne,
Et il veut que Marie on donne
A celuy à qui florira
Sa verge. Qui refusera
A y venir, sera blasmé.

———

Voici la scène qui se passe au temple.

« Icy baillent leurs verges l'ung après l'autre, et les mettent sur l'autel. »

BARBAPANTER.

Vela la mienne belle et fresche,
Mais si n'est-elle point florie.

INVENTEURS.   71

MELCHY.

Je n'espouseray point Marie,
La mienne nulle fleur ne rent.

ACHIN.

Sois bien content ou mal content,
Je n'épouseray point la belle.

JOAS.

Au regard d'avoir la pucelle,
Certes, je ne m'y attendz pas.

LE PÈLERIN.

Aussy ne fais-je moi, Joas,
Car de l'avoir je suis trop nice.

NAASSON.

Je ne vois verge qui florisse.

MANASSÉZ.

Regardez dessoubz et dessuz.

RUBEN, à part.

J'ai paour que ne soyons deceuz.
(haut) . . . . . . A! par ma foy,
Joseph, si la monstrerez-vous,
Et sera cy veue devant tous;
Monstrez-la tost legierement.....

« Icy monstre Joseph sa verge, puis s'apparest
la columbe sur la verge florie. »

JOSEPH, à Marie.

Suave et odorante rose,
Je sçay bien que je suis indigne

D'espouser vierge tant benigne,
Nonobstant que soye descendu
De David, bien entendu;
Ma mye, je n'ay guères de biens.

MARIE.

Nous trouverons bien les moyens
De vivre, mais que y mettons peine;
En tixture de soye et laine
Me congnoys.

JOSEPH.

C'est bien dict, ma mye,
Aussy de ma charpenterie
Je gaignerai quelque chosette....

Salutation angélique :

GABRIEL.

Ave pour salutacion,
Je te salüe d'affection,
Maria, vierge très-benigne,
Gratiâ par infusion
De grace acceptable et condigne:
Plena par la grace divine:
Pleine quant dedans toy recline
Dominus par dilection:
Nostre Seigneur fait ung grant signe
Tecum d'amour, quant il assigne
Avec toy sa permancion.

MARIE.

Ecce ancilla Domini....

Étant arrivé à la crêche,

JOSEPH, à son âne.

Or vous, tournez, bauldet, tournez
Le museau devers la mengoire :
Vous avez bien gaigné à boire,
Car peine avez eüe à foison.

———

Aussitôt que l'enfant Jésus est né :

MARIE.

Mon cher enfant, ma très-doulce portée,
Mon bien, mon cueur, mon seul avencement,
Ma tendre fleur que j'ay long-temps portée,
Et engendré de mon sang proprement :
Virginalement en mes flancs te conceuz,
Virginalement ton corps humain receuz,
Virginalement t'ay enfanté sans peine....

JOSEPH.

Tu es le saulveur du monde,
Enfant où tout bien abonde,
   Pur et monde,
Par pouvoir espicial,
Car au ventre virginal
As prinse le ceptre royal
   Très loyal,
Pour tout juger en la ronde,
Ce beau monde en général,
Et comme juge féal
   Trasėgal,
Te adore en crainte profonde.

PERSONNAGES

Satan est torturé en Enfer pour avoir trop tard averti son roi.

SATHAN.

J'enraige;
Hélas! maistre, miséricorde.

LUCIFER.

Traynez-le d'une grosse corde,
Tout par tout l'infernal manaige,
Affin que plus ne se y amorde.

CERBERUS.

J'ay si grant paour qu'il ne me morde
Que je y prens bien ennuys voyaige.

LUCIFER.

Sathan, comment te va?

SATHAN.

J'enraige;
Hélas! maistre, miséricorde.
Je n'en puis plus.

LUCIFER.

Si soyez plus saige.

SATHAN.

Ouy, monseigneur.

Voici par quel hasard le fils d'Hérode tombe entre les mains de ceux qui massacraient les

Innocens. La nourrice du jeune prince appelle la chambrière :

SABINE.

Que vous plaist-il, ma maitresse ?
Je me esbatoye ung petiot.

LA NOURRICE.

Aprestes-moi le chariot
Pour aprendre à aller Monsieur.

Fin tragique d'Hérode. Le ciel lui fait tout-à-coup éprouver les douleurs les plus aiguës :

HÉRODE.

Haro mes pieds, haro ma teste,
Despite effrénée raige,
Je n'en puis plus si je n'enraige,
Veez cy ma détresse où je rentre.

Satan, qui n'est visible que pour les spectateurs, lui souffle une inspiration digne d'un démon, celle de s'enfoncer un couteau dans le ventre.

HÉRODE.

Diables, je ne puis plus durer,
Il faut qu'à vous tous j'obéisse :
Ha ! mort, haste-toy......
A tous les Diables me commandz.

Hérode se tue, et les Démons emportent son âme, qu'ils jettent dans du plomb fondu.

Pendant que Jésus s'entretient avec les Docteurs de la loi, ses parens le cherchent de tous côtés et avec beaucoup d'inquiétude:

JOSEPH.

Il a douze ans, ou environ,
Nonobstant qu'il est grandellet,
Un beau filz assez vermeillet,
Les yeulx vers, la cheair blanche et tendre,
Les cheveulx blonds à tout comprendre;
Il a la bouche vermeille,
Il est bel enfant à merveille.....

MARIE, *retrouvant son fils.*

O mon doulx enfant gracieulx,
Filz de toute doulceur parfaict,
Mon cher filz, que nous as-tu faict?
Qu'as-tu faict à ta poure mère?....

MANASSÉZ.

Belle dame, gardez qu'il n'entre
En oyseuse et jeunesse folle,
Mais l'entretenez à l'escolle,
Plus songneusement que pourrez:
Et au temps futur vous verrez
Qu'il tiendra ung noble chemin.

PROLOGUE FINABLE.

Seigneurs, en la déduction
De nostre petit abrégé,

Il vous a esté prorogé,
A nostre possibilité,
La divine Nastivité
De Jésu-Christ notre salveur.....
Demain retournez, s'il vous plaist,
Ne saurez estre sitost prest
Que nous ne viengnons acourant,
Pour poursuir au demourant.

La II.ᵉ JOURNÉE, qui, à proprement dire, est la première du Mystère de la Passion, commence au sermon de S. Jean, et finit à sa décolation; son enterrement y compris. Même nombre de personnages à peu près que dans la précédente. Elle a pour exorde un *Prologue capital*, espèce de sermon divisé en trois points, qui tous ont leur texte: I. *Verbum caro factum est, le Verbe a été fait chair*. II. *Caro, chair*. III. *Factum, fait*. Le Prologue finit par *amen*.

Les vers du poème sont aussi très-souvent parsemés de latin.

UN PHARISIEN.

Eliachin, très-éloquent *non sic*,
Ne prennons pas la chose si au ric.

PERSONNAGES

SAINT JEAN.

Non suis, je ne suis pas *Christus*,
. . . . . . *Ego*
Vox clamantis in deserto,
Je suis voix au désert criant.

Je dirai un mot du baptême de Jésus.

SAINT JEHAN.

Je suis créature,
Et poure facture
De simple stature,
Humble viateur :
Ce serait laydure
Et chose trop dure
Laver en caüe pure
Mon hault créateur.
Tu es précepteur,
Je suis serviteur ;
Tu es le pasteur,
Ton oüaille suis ;
Tu es le docteur,
Je suis l'auditeur;
Tu es le ducteur,
Moi consécuteur
Sans qui rien ne puis....

S. Jean ayant enfin obéi :

Sire, vous estes baptisé.

« Icy sort Jesus hors du fleuve Jourdain, et se jecte

à genoulx devant Paradis. Adonc parle Dieu le père, et le Sainct Esperit descend, en forme du coulom blanc, sur le chef de Jesus : puis retourne en Paradis. »

« Et est à noter que la loquence de Dieu le père se doict pronuncer entendiblement, et bien à traict *en trois voix*; c'est à sçavoir, ung hault dessus, une haulte contre, et une basse contre, bien accordées. »

Une scène qui mérite attention, c'est celle de Judas et de sa mère qui se sont épousés sans se connaître.

CYBORÉE, *en cryant et plorant.*

Vous estes mon filz,
Vous estes mon filz naturel ;
Et le vray ventre maternel
Avez polu en mariaige.

JUDAS, *en cryant.*

Votre filz! votre filz! ho raige!
Raige de plaisir involu :
Votre filz! hélas! que ferai-je?
Ay-je eu ce vouloir dissolu!

JESUS, *se mettant à table*
Benedicite,

LES APÔTRES.
Dominus ;

PERSONNAGES

JESUS.

*Quæ sumpturi sumus
Benedicat trinus et unus.*

TOUS.

Amen.

J'arrive à la décolation de S. Jean. Le lecteur aura ici le plaisir de voir reparaître mes premiers Personnages; mais en général les joueurs d'orgues et autres instrumens se faisaient entendre à toutes les pauses et remplissaient les intermèdes.

GRONGNIART, *à Hérode.*

Seigneur, la viande se gaste;
Que or eusse-je le meilleur plat,
Je tronçonneroye tel esclat
Qu'il y parestroit au retour.

« Icy se assiet le Roy et la Royne, et sa fille, etc.; et *sonnent les Menestriers.* »

LE MAISTRE D'HOSTEL.

Seigneur, la viande se empire,
Vous vous y prenez laschement.

Pendant le dîner, Hérodias demande la tête

de S. Jean, et Grongniart est chargé de le décoler.

> GRONGNIART, *à S. Jean.*
>
> Çà, maistre, çà, saillés dehors;
> Vecy vostre derrenier mès,
> Dont vous serez servy jamais :
> Baissez-vous, vous estes trop hault.
>
> (*Présentant la téte.*)
>
> Or tenez, portés-la boüillir,
> Rostir, ou faire des pastés.

L'esprit de Saint Jean va aux Limbes, où son arrivée console les âmes des patriarches et autres fidèles, qui se mettent à chanter *un silete*. Les Diables arrivent pour voir ce que signifient tous ces chants. On ensevelit le corps du saint, et on l'enterre.

IIIe JOURNÉE. Elle contient le mystère de la Chananée jusqu'au moment où Jésus est prêt à entrer dans Jérusalem.

> « Commencent les Apostres, faisans une récapitulation des faicts de Jesus traictés en la seconde Journée. *Néantmoins la fille de la Cananée pourra commencer la Journée en parlant*

comme une démoniacle, jusques ad ce que bonne silence soit faicte. »

LA FILLE DE LA CANANÉE.

Je voy tous les diables en l'air,
Plus espès que troupeaux de mouches,
Qui vont faire leurs escarmouches
Avecques ung taz de sorcières ;
Et ont pleines leurs gibecières
De gros tysons et de charbons,
Pour faire rostir les jambons
A ung taz de larrons pendus.....

IV.ᵉ JOURNÉE. Elle contient l'entrée à Jérusalem, jusqu'au moment où Jésus est conduit devant Pilate.

« Et est à entendre que Jesus vient sur l'asnesse jusqu'au parc, et se assemblent tous les Juifz en plusieurs bandes pour aller au-devant de luy avec rameaux vers ; et sus l'entrée du parc y aura enfans chantans mélodieusement, jusques ad ce que bonne silence soit faicte. »

Quand Jésus se met à table avec ses disciples, « sur la table n'y a point de pain, sinon petites fouaces, et des laictues en trois platz, et mangeront hastivement ».

JESUS.

Je seray livré ceste nuyt,
Et l'ung de vous qui estes assis
A ceste table, et qui a mis
La main au plat avecques moy,
Me trayra.

S. JACQUES major.

Esse point moy ?

S. JEHAN.

Et moy aussi ?

S. PIERRE.

Ou moy qui suis icy assis ?

S. ANDRÉ.

Esse moy ?

S. SYMON.

Suis-je point celuy ?

S. JUDE.

Esse point moy ?

S. THOMAS.

Ou moy aussy ?

JUDAS.

Nunquid ego sum, raby ?

JESUS.

Tu le dis.

« Icy s'incline S. Jehan sur la poitrine de Jesus,
et Jesus baille ung morceau de pain à Judas. Icy

masche Judas ung morceau de pain, et cependant il se faict une tempeste en Enfer; et vient Sathan le saisir au corps, par derrière, et luy sort ung Diable fainct sur les épaules. »

Malchus se vante qu'on prendra les Apôtres comme on a pris le maître.

S. PIERRE.

Si aurez-vous pour me connoistre
Ce cop bien assis de ma main.

« Icy frappe S. Pierre sur la teste de Malchus, et lui abat l'oreille. »

MALCHUS *chet à terre*.

Je suis blecé; ho! le hault Dieu!
A malle heure vins en ce lieu,
Car navré me sens à merveille :
Hélas! on m'a coppé l'oreille;
Hélas! j'ai l'oreille perdue;
Las! on m'a l'oreille abattue.

V.ᵉ JOURNÉE. Elle commence à la syndérèse de Judas, et finit lorsque Jésus est mis au tombeau. « Et est à noter que les tyrans de Anne et de Cayphe mainent Nostre-Seigneur moult rudement ».

INVENTEURS.

PILATE.

Ecce homo, vecy l'homme :
Regardez bien, mes eigneurs, comme
Je le vous rends doulx et traictable :
Ecce homo, vecy l'homme,
L'homme voire bien misérable.
Ecce homo véritable,
Ecce homo raisonnable,
Ecce homo l'innocent.
Peuple, soyez pitoyable,
Ecce homo, ton semblable.....

Pilate ne pouvant sauver Jésus, appelle Barraquin, l'un de ses confidens, et lui dit :

Aporte le pot à laver,
Et le bassin et la touaille,
Puis à laver icy me baille,
J'ai grant haste, abrège-moy tost.

Enfin il prononce :

Nous Ponce Pilate,
Garde, par charte bien fondée,
De la prévosté de Judée ;
Juge criminel soubz la main
Du très-craint Empereur romain ;
Après les informations,
Charges et accusations,
Enquestes et tesmoings produis

De par la partie des Juifz,
Encontre Jesus, qui cy est,
Nous le condamnous par arrest,
Quoi qu'en adviengue droict ou tort.....

Les Juifs se plaignant de l'inscription qu'il a mise à la croix :

Messeigneurs, *quod scripsi, scripsi :*
Et en murmure qui vouldra.

La première Parole de Jésus en croix.

Père, qui tes servans eslis,
Et en qui toutes choses sont,
Tu vois de quelz gens je suis pris
Et le dur couraige qu'ils ont ;
Pardonne leur s'ilz ont mespris,
Car ilz ne sçavent pas qu'ilz font.

La seconde Parole de Jésus.

(*au bon larron*).

Et certainement je te dis,
Que pour le desir que en toy voy,
Ceste journée en Paradis
Seras colloqué avec moy.

Le tiers-Mot de Jésus.

Mulier, ecce Filius tuus.
Femme, ayez cueur et pacience bonne...

Prenez-la, Jehan, vostre maistre l'ordonne;
Servez-la bien, et ne la laissez pas.

« Icy faict Griffon quatre lots des robes des larrons. »

Satan déguisé arrête Griffon, et lui remet deux dés à jouer, dont il lui apprend l'usage.

La quarte Parole de Jésus.

Hely, Hely, lamazabatani:
Deus meus, ut quid me dereliquisti?
Je n'ay reconfort de nulli
Non plus qu'ung poure homme oublié....

« Icy retourne Griffon, qui apporte deux douloüères. »

Les satellites jouent aux dés. « *Pause; icy se font ténèbres* »; Anne, pour rassurer les soldats, leur dit que c'est une éclipse de soleil.

La quinte Parole de Jésus.

Scitio, j'ai soif desirée
De Paradis à l'homme rendre......

« Icy luy met une esponge au bout d'ung baston, et donne à boire à Jesus. »

La sixième Parole de Jésus.

Consummatum est, il suffist.....
Tantost sera terminée
Ma mort et dure passion......

La septième Parole de Jésus.

« En criant le plus haut qu'il pourra crier : *in manus.* »

O pater! IN MANUS *tuas*
Commendo spiritum meum.....
Et me pars du règne mondain :
Et au partir par piteux son
Mon esperit commande en ta main.

« Icy se fera tremblement de terre, et le voile du temple se rompt par le milieu, et plusieurs morts tout ensevelis sortiront hors de terre de plusieurs lieux, et yront deçà et delà. »

Satan se précipite en Enfer. Marie tombe évanouie. Pilate, saisi de crainte, s'enfuit avec tous ses gens. Les Anges entonnent une hymne latine, ou chant royal en latin, « qui se pourra chanter bien piteusement » :

Kyry penitentibus.
Eley languentibus....

Grand tumulte en Enfer.

LUCIFER.

Haro, Dyables, tous en commun
Fermez vos portes à puissance,
Mettez-vous trestous en défence,
Chargez barres de dix milliers,
Soyez plus fermes que pilliers;
Vecy venir notre adversaire...

L'AME JESUS.

Attollite portas, principes, vestras......
Princes d'enfer, ouvrez vos portes.....

On fait beaucoup de résistance.

« Icy chéent les portes d'Enfer. »

LES DYABLES.

Haro, haro, haro, hélas !
Vecy ung terrible charroy.....

Jésus prend par la main les âmes de plusieurs justes, et « les maine en Paradis terrestre, et cependant se faict tempeste en Enfer ». Suit la sépulture du corps de Jésus-Christ, de point en point comme l'indique l'Ecriture.

PROLOGUE FINABLE.

Puisqu'avons eu temps et espace
De réduire en brief par escript

La Passion de Jesu Christ,
Ayons en recordacion,
Affin que par compassion,
Puissions mériter *messouën* (une autre fois),
Et en la fin, gloire. *Amen.*

VI.ᵉ JOURNÉE. Contient la résurrection de notre Sauveur, et la descente du Saint-Esprit sur les Apôtres, le jour de la Pentecôte.

On se peint facilement toutes les terreurs des *Payens* et des coupables, à l'apparition de Jésus, et l'agitation continuelle des Diables ; je ne citerai rien de cette Journée. « *Cy fine* le Mystère de la résurrection Jesu-Christ, par personnaiges ». *Cy fine* aussi le petit *in-folio*, avec ces mots en sus : « *Nouvellement imprimé à Paris, par Alain Lotrian, et Denys Janot, demourans en la ruë Nostre-Dame, à l'enseigne de l'Ecu de France, MDXXXIX* ». C'est une sixième édition.

« Ces sortes d'ouvrages, disent les historiens du Théâtre Français, en parlant du Mystère de la Passion, étaient composés à deux fins principales : la première, pour instruire le peuple ignorant des principaux mystères de la religion; la seconde, afin de lui inspirer de la dévotion et exciter en lui des sentimens convenables.... Qu'on ne croie pas, ajoutent-ils, que nous voulions faire entendre par là que l'auteur a bien rempli son but; il suffit pour nous d'observer seulement qu'il en a eu le dessein, et qu'il l'a exécuté le mieux qu'il a pu ». En vérité, ces messieurs sont bien peu honnêtes, et surtout bien peu reconnaissans. Pour mon compte, je rougirais de tant d'ingratitude.

Ce qui rendait encore ces représentations infiniment recommandables, c'est que les prêtres et les curés se mettaient au nombre des acteurs. Je vais en donner une preuve, et montrer en même temps avec quelle vérité d'expression les comédiens de ce temps-là s'efforçaient de rendre leur rôle. « L'an MCCCCXXXVII, le troisième juillet, dit dans sa Chronique un curé de Saint-Euchaire à Metz, fut fait le jeu de la Passion Notre-Seigneur, en la plaine de Veximiel; et fut fait le parc de très noble façon, car il était de neuf sièges de haut ency comme degrés. Tout autour et par derrière estaient grans siéges et longes pour les seigneurs et dames : et fut Dieu, un sire appellé seigneur Nicolle dou Neufchâtel en Lorraine, lequel estoit curé de Sainct-Victour de Metz, *lequel fust presque mort en la croix, s'il n'avoit esté secouru,* et convint que un austre prestre fust mis en la croix pour parfaire le personnage dou crucifiement pour ce jour; et le lendemain ledict curé de Sainct-Victour parfit la résurrection, et fit très-haultement son personnage, et dura ledict jeu. Et un austre prestre, qui s'appelloit messire Jean de Nicey, qui estoit chapelain de Métrange, fut Judas, *lequel fut presque mort en pendant, car le cueur luy faillit,* et fut bien hâtivement despendu et porté en voye. Et estoit la bouche d'Enfer très-bien faicte, etc..... Et y avoit pour ledict temps moult de seigneurs et de dames estrangères...... Premier, monseigneur l'évêque de Metz, sire Conrard Bayer; le comte de Vaudemont, seigneur Baudoüin de Fleville, abbé de Gorze; la comtesse de Sallebruche et le conseil de la duché de Bar et de Lorraine..... Et plusieurs autres seigneurs et dames d'Allemaigne, et dou pays dont je ne sçay les noms. Et fit-on mettre *les lanternes* aux fenestres tout ledict jeu durant ».

Ce jeu dura, en 1534, à Poitiers, onze jours consécutifs et par des chaleurs extraordinaires, « dont, rapporte Jean Bouchet dans ses *Annales d'Aquitaine*, ne sont depuis procédées les maladies que les médecins prédisoient devoir en advenir, c'est par la grâce de Dieu ». Quant aux lanternes dont il est question, elles étaient appelées *lanternes vivantes*, et regardées comme un des ornemens du théâtre. On dit que dans la suite elles passèrent dans les boutiques des pâtissiers, pour les parer et attirer les chalans.

Il paraît bien certain que la première et la sixième Journées du Mystère de la Passion, auront été ajoutées après coup, et que les quatre du milieu formaient le poème originaire et le premier de tous qui valut aux pèlerins-artistes leur titre de *Confrères de la Passion*. Le Jean MICHEL, auteur des diverses additions et corrections, n'est pas l'évêque d'Angers, ainsi qu'on l'a prétendu, mais un médecin du même nom et habitant de la même ville. Marguerite de Valois, sœur de François I.er, mariée, en 1527, à Henry d'Albret, roi de Navarre, ambitionna la gloire de coopérer à ces pieuses compositions ; elle en fit plusieurs. Le recueil de ses Œuvres est connu sous le titre de *Marguerites de la Marguerite des princesses, très-illustre royne de Navarre.* Les premiers auteurs indiqués par des pièces de théâtre, sont les deux frères Greban (Arnould et Simon). Ils étaient du Mans. « Simon Greban, est-il dit dans un prologue, fut un poète estimé, et

<blockquote>
Un frère il eust, Arnould Greban nommé,
Gentil ouvrier en pareille science,
Et inventeur de grande véhémence.
</blockquote>

Viennent ensuite : Jacques Milet, de Paris ; Jean du Prier ou le Prieur, valet de chambre d'un roi de Sicile ; Jean Molinet ou Moulinet, né en Picardie, garde de la Bibliothèque de Marguerite d'Autriche, gouvernante du Pays-Bas, et chanoine de la collégiale de Valenciennes : c'était, dit-on, un homme facétieux ; Eloy d'Amernal, né à Béthune, prêtre, et maître des enfans de chœur de cette ville ; Simon Bougouin, valet de chambre de Louis XII ; Pierre Gringore, dit Vaudemont, héraut d'armes du duc de

Lorraine; Jean du Pont Alais ou du Pont Alletz, dont je parlerai séparément, ainsi que du précédent, parce qu'ils furent non seulement auteurs et acteurs, mais encore entrepreneurs de Mystères représentés sur les échafauds; Pierre Cuevret ou Curet, chanoine de l'église de Saint-Julien du Mans; J. Genevière; Nicole de la Chenaye, Chevalet, Claude d'Oleson, Guillaume Tasserie; Barthélemy Aneau, de Bourges; Jean Parmentier, de Dieppe; Jean d'Abundance, notaire du Pont Saint-Esprit; Jean Gallery, né au Mans, philosophe, mathématicien, accusé enfin d'être magicien, et comme tel condamné aux galères; Antoine Forestier, dit Sylviolus, Parisien, et Louis Chocquet.

Au surplus, la plupart de ces auteurs écrivirent pour les Bazochiens ou les Enfans Sans-Souci; nouvelles troupes qu'il ne faut pas confondre avec les Confrères de la Passion, et dont les poèmes offrent des nuances fort distinctes qui les séparent des premiers. Avant de quitter les Confrères, je dirai un mot du *Mystère de l'Incarnation,* qui m'a fourni précédemment un exemple détaillé de la disposition générale des Etablies. Le lecteur ne sera pas fâché d'avoir une idée de la musique de ces poèmes, et de la manière dont les imprimeurs suppléaient aux caractères de musique. Tout le monde alors faisait preuve d'imagination ; examinez ici les petits tirets et la disposition des lignes, c'est ce qui indique et guide le chant.

CHOEUR D'ANGES.

Au nouveau sceu de la Conception du filz de Dieu, pour la Rédemption ; qui veult faire d'humaine créatu - - - - - - re ; qui estoit cheüe en pé - - - chié et ordu - - re : chacun au ciel maine exul - - - - - tation.

Faisons grant bruit, chansons multiplions....
Au nouveau sceu.

Tenor.	Au nouveau sceu.
Contratenor.	Au nouveau sceu.
Concordans.	Au nouveau sceu.

Des instrumens prenons ung million, etc.

Le seconde Journée offre un chant à deux parties et en langage inconnu.... « peut-être à l'auteur même », ajoutent méchamment les historiens du Théâtre-Français. Le voici :

Tenor, Contratenor.

En nog novet, en nog novet en ma-

therisoth, bistouare lau en dirouy li gros.
En nog novet : en nog novet, en matherisoth,
Bistouare lau en dirouy li gros. Li telit horne
Platelit horne, dandelit, dandelit danser
lamy Phallare, dandelit hau ligrin.

L'auteur de ce poëme ne s'est pas fait connaître.

Il y eut encore beaucoup d'autres Mystères, et décemment je dois au moins les indiquer. Je les présente tels qu'ils me tombent sous la main.

MYSTÈRE *de la Résurrection.* Celui-ci est tout entier de la composition du docteur Jean MICHEL. Les pères des Limbes ouvrent la scène par le *Veni, Creator.* Dans un autre moment, Adam chante le *Libera*, Jésus chante *Hæc dies*, les âmes bienheureuses font entendre *Eterne rex altissime* et le *Regina cœli ;* les fidèles enfin entonnent *Veni, Sancte Spiritus*, et alors le Saint-Esprit descend sur l'assemblée. « Icy endroit doict descendre, ayant brandon de feu artificiellement faict par eau-de-vie.....; et comme il descendra, se doict faire une tonnoire d'or gues au cénacle; et qu'ils soient gros tuyaulx bien concors ensemble; et en doulceur sur chascun d'eulx doict choir une langue de feu ardant dudict brandon; et seront XXI en nombre..... »

MYSTÈRE *de Sainte-Barbe*, d'un anonyme.

BARBARA (Barbe).

Jupiter plain de cruaulté
Fut trop, et de desloyaulté.....
Encore quand il viola
La belle demoiselle Yo,
Et lessoit sa femme Juno.....
Puisqu'ilz furent de malles meurs,
Et de diffamables humeurs,
Je juge que Dieux ne sont point.

MYSTÈRE *du Vieil-Testament*. Encore d'un anonyme.

L'ÉPOUSE DE PUTIPHAR.

Joseph?

JOSEPH.

Que vous plaist-il, madame?

LA DAME.

Mon amy, veuillez approcher
De moy, et nous allon coucher
Ensemble, tout secrètement.

JOSEPH.

Quesse-cy, madame, comment?
Le faictes-vous par farcerie,
Ou autrement?

DAVID, *apprenant la mort de son fils.*

Mon filz Absalon,
Absalon mon filz,
Las! perdu t'avon,
Mon filz Absalon,
Il faut que soyon
En grief deüil confis,
Mon filz Absalon,
Absalon mon filz.

SARA, *grondant sa servante.*

Vous estes ung peu trop dissoluë;
L'austre jour, emmy ceste rue,
Je vous vis faire plusieurs tours.

DELBORA.

Me reprenez-vous? quesse-cy?
Vous estes une vaillante femme!
Parlez de vous, parlez, infâme,
Sans faire tels charivaris,
Vous avez tué sept maris.

MYSTÈRE *de Sainte-Catherine.* Encore d'un anonyme. « Et fust Jehan Didier ung notaire, Saincte-Catherine; et Jehan-Mathieu le Plaidous, empereur Maximian ».

MYSTÈRE *de Notre-Dame de Puy*, par Claude D'OLESON. — *de Job*. — *de Saint-Denis*. — *du Trépassement de Nostre-Dame*. — *de la Vengeance*. — *du Chevalier qui vend sa femme au Diable*. — *de la sainte Hostie*. — *de Griseldis, marquise de Saluces et appelée le Miroir des dames mariées*. La douceur et la patience de cette jeune et belle marquise, qu'un mari inconstant voulait répudier pour épouser une autre femme, touchent enfin le cœur de son tyran, et ramènent la félicité conjugale. Le sujet du Mystère précédent est la fureur sacrilége d'un Juif de la rue des Billettes, alors la rue des Jardins :

LE FILZ, *plorant à la vue de l'hostie*.

Hélas ! il seigne.....

LE JUIF, *tout esbahi*.

Paix tout cop, sans plus babiller.

« Icy prent l'hostie et la cloüe d'ung clou en une colonne, et le sang en coule à terre. Ensuite il la jette au feu, et il ne se y veut pas tenir. Après cela, il prent une lance et frappe l'hostie contre la cheminée. Et enfin il prent un couteau de cuysine et hache l'hostie parmi la maison. »

MYSTÈRE *des Actes des Apostres*. Ce poëme mérite la plus grande attention ; il est des deux GRÉBANS, et passe pour le plus beau et le mieux versifié, toutefois après celui de la Passion. Mais ce n'est pas même à ce titre que je prie le lecteur de s'y arrêter, c'est pour recueillir ici diverses particularités relatives au cérémonial des Confrères ; juger enfin de toute la considération dont ils jouissaient, et de l'importance attachée à leurs représentations.

Il paraît qu'il se faisait un *Cry*, ou proclamation publique, de par le roi et M. le prévôt de Paris, pour inviter à venir prendre les rôles, qui se vendaient, pour le Mystère ci-dessus, « à Paris, en la ruë neufve Nostre-Dame, à l'enseigne de Saint-Jehan-Baptiste, près Saincte-Geneviefve des Ardens, en la boutique de Denys Janot ». Voici avec quelle pompe on procéda à cette cérémonie, le 16 décembre 1540.

« Et premièrement marchoyent six trompettes, ayant baverolles à leurs tubes et bucines, armoyez des armes du roy nostre Sire. Entre lesquelles estoit pour conduicte la trompette ordinaire de la ville : accompagnez du crieur-juré, establi à faire les crys de justice en ladicte ville : tous bien montez selon leur estat.

« Après marchoit ung grand nombre de sergens et archers du prévost de Paris, vestuz de leurs hocquetons paillez d'argent, aux livrées et armes tant du roy, que dudict seigneur prévost, pour donner ordre et conduicte, et empescher l'oppression du peuple, et lesdicts archers bien montez, comme au cas est requis.

« Puis après marchoyent ung nombre d'officiers de sergens de ville, tant du nombre de la Marchandise que du Parloir aux Bourgeois, vestuz de leurs robbes my-parties de couleurs de ladicte ville, avec leurs enseignes, qui sont les navires d'argent : iceulx tous bien montez comme dessus.

« Et après marchoyent deux hommes establis pour faire ladicte proclamation, vestuz de sayes de velours noir, portans manches pendües de satin de troys couleurs, assavoir jaulne, gris et bleu : et bien montez sur bons chevaulx.

« Après marchoyent les deux Directeurs dudict Mystère, rhétoriciens, assavoir ung homme ecclésiastique, et l'autre lay, vestuz honnestement, et bien montez selon leur estat.

« Item alloyent après, les quatre Entrepreneurs dudict Mystère, vestuz de chamarres de taffetas armoysin et pourpoinctz de velours, le tout noir; bien montez, et leurs chevaulx garnis de housses.

« Item, après ce train marchoyent quatre commissaires au Chastelet de Paris, montez sur mulles garnies de housses, pour accompagner lesdicts entrepreneurs.

« En semblable ordre marchoyent ung grand nombre de Bourgeois, marchands et autres gens de la ville, tant de robbe que de courte : tous bien montez selon leur estat et capacité.

« Et fault noter qu'en cháscun carrefour, où se faisoit ladicte proclamation, deux desdicts Entrepreneurs se joignoient avec les deux establis ci-devant nommez, et après le son desdictz six trompettes sonné par trois fois, et l'exhortation de la trompette ordinaire de la ville, faicte de par le roy nostre dict seigneur, et monsieur le prévost de Paris, feirent lesdictz quatre dessus nommez ladicte proclamation, en la forme et manière qui s'ensuyst ».

Je crois répondre au vœu du lecteur, en insérant ici toute cette proclamation, monument précieux du génie de nos illustres Personnages : on verra que les premiers venus n'étaient pas admis à paraître sur les échafauds. Elle est d'ailleurs remarquable par son rhythme et ses jeux de mots.

CRY et PROCLAMATION *de l'Entreprinse dudict Mystère aux Citoyens de ladite ville.*

Pour ne tomber en damnable décours
En noz jours cours, aux bibliens discours
Avoir recours, le temps nous admoneste:
Pendant que paix est ant nostre secours
Nous dict, je cours ez royaulmes ez cours,
En plaisant cours faisons qu'elle s'arreste ;
La saison preste a souvent chaulve teste,
Et pour ce honneste œuvre de catholicques,
On faict savoir à son et crys publicques,
Que dans Paris ung Mistère s'appreste,
Représentant Actes Apostolicques.

Nostre bon roy, que Dieu garde puissant,
Bien le consent, au faict impartissant,

Pouvoir récent de son auctorité;
Donc chascun doibt vouloir, que florissant
Son noble sang des fleurs de lys yssant,
Soit et croissant en sa félicité :
Venez, cité, ville, université,
Tout est cité; venez, gens héroïcques,
Graves censeurs, magistratz, politicques,
Exercez-vous au jeu de vérité,
Représentans Actes Apostolicques.

L'on y sémond poetes, orateurs,
Vrays précepteurs, d'éloquence amateurs,
Pour directeurs de si saincte entreprinse;
Mercuriens, et aussi chronicqueurs,
Riches rimeurs, des barbares vainqueurs,
Et des erreurs de langue mal apprinse.
L'heure est précise où se tiendra l'assise.
Là sera prise, au rapport des tragicques,
L'élection des plus experts scénicques
En geste et voix au théâtre requise,
Représentant Actes Apostolicques.

Vouloir n'avons en ce commencement
Débatement, sans prendre enseignement,
Et jugement sur chascun personnaige,
Pour les roollets bailler entièrement
Et veoir comment l'on jouera proprement,
Si fault coment ou teste davantaige :
Mys ce partaige à vostre conseil saige,
Doibt tout couraige, hors les cueurs paganicques,
Luthériens, esprits diabolicques,
Auctoriser ce Mistère et ymaige,
Représentans Actes Apostolicques.

> Prince puissant, sans toy toute rencontre
> Est mal encontre, et notre œuvre imparfaict :
> Nous te prions, que par grace se monstre
> Le Jeu, la Monstre, et tout le reste faict ;
> Puis le meffaict de noz chemins oblicques
> Pardonnez-nous, après ce jeu parfaict,
> Représentant Actes Apostolicques.

Certes, des hommes qui occupaient ainsi la cour et la ville, qui marchaient en public avec un tel appareil et y débitaient des discours si recommandables, devaient être des personnages fort célèbres dans les rues de Paris.

LA BAZOCHE, LES ENFANS SANS-SOUCI, et LE PRINCE DES SOTS.

« Ce ne sont plus icy », disent les historiens du Théâtre Français, toujours peu mesurés dans leurs expressions, « de grossiers pèlerins, ni de bas ouvriers qui joüent des pièces en public, c'est un roy accompagné de son chancelier, de plusieurs maîtres des requêtes, d'un procureur-général et autres personnes revêtuës de titres éminens dans la robe, qui prennent ce soin eux-mêmes ».

Voilà au moins qui prévient très-éminemment en faveur des Bazochiens, car c'est d'eux seuls que parlent ici nos auteurs, et je dois en effet m'en occuper d'abord exclusivement.

Tout le monde sait que LA BAZOCHE se composait d'une réunion de clercs de procureurs, qui avaient entre eux un roi et divers officiers et magistrats. Ils tenaient ces priviléges de Philippe-le-Bel, sous le règne duquel il y eut, dit-on, tant de procès, que les procureurs n'y pouvant suffire, obtinrent d'avoir dans leurs études un grand nombre d'étudians qui les aidaient, et auxquels ils donnèrent le nom de clercs. Non seulement Philippe-le-Bel permit à ceux-ci de s'élire un roi ; mais il leur concéda le droit de justice souveraine et sans appel pour tous les différends qui surviendraient entre eux, et les autorisa même à faire frapper monnaie, bien entendu que cette monnaie n'avait cours qu'entre les membres de la société et les marchands qui voulaient bien y avoir confiance.

Peu de personnes ignorent que les merciers avaient également leur roi, ainsi que différens autres corps de métiers, et même tous les mauvais sujets de la cour et de la ville, dont le chef s'appelait *le Roi des Ribauts*. Celui de la Bazoche portait une toque semblable à celle du roi de France ; sa cour se composait :

1.° D'un chancelier, grand-officier amovible, et réélu tous les ans après la Saint-Martin. Les sceaux étaient d'argent, et les armes, qui consistaient en trois écritoires d'or en champs d'azur, étaient timbrées de casque et morion, en marque de souveraineté ;

2.° De douze maîtres des requêtes rendant la justice conjointement avec le chancelier ;

3.° D'un avocat-général, d'un procureur-général, d'un procureur de la communauté des clercs, d'un grand-référendaire et rapporteur en chancellerie, d'un grand-audiencier, d'un grand-aumônier, de quatre trésoriers ou receveurs, etc. L'uniforme des Bazochiens était jaune et bleu.

Tous les ans la Bazoche plantait un mai dans la cour du Palais, et on procédait en grande pompe à cette cérémonie. Elle était même annoncée plusieurs jours d'avance par des *aubades* données au premier président, aux présidens à mortier et autres premiers magistrats, à la suite desquelles on se rendait à cheval, et en grand costume, à la forêt de

Bondi, où la cavalcade était reçue par la maîtrise des eaux et forêts, au son des timballes, des trompettes et des haut-bois. Plusieurs discours étaient alors prononcés, le garde-marteau marquait les arbres désignés, et ce prélude de la fête finissait par un repas. Ce devait être bien autre chose encore de la fête elle-même. Cette cérémonie succédait à une solennité fort ancienne, et nommée la *montre générale*, c'est-à-dire, la grande revue que leur roi faisait tous les ans de ses sujets dans la cour du Palais. Il leur vint enfin à l'idée d'ajouter à la pompe de cette journée par quelque représentation théâtrale, et c'est ainsi que la Bazoche acquit des droits à l'honneur de figurer au rang de mes Personnages célèbres.

Les Bazochiens jouèrent d'abord différens Mystères, tels que le *Mystère des trois Roys*, de Jean d'Abundance; le *Mystère de la destruction de Troye la grant*, de J. Geneviève; ceux *de la France*, de *Lyon marchant*, etc.; mais le lecteur s'aperçoit déjà, au simple titre de ces poèmes, d'une nuance frappante de nouveauté dans le génie de la troupe bazochienne. Les Confrères de la Passion ayant d'ailleurs fait valoir leurs lettres et chartes bien et duement *scellées en lacs de soye et cire vertes*, nos débutans suivirent leur inclination dominante, qui était pour les Allégories, et devinrent ainsi à leur tour les créateurs d'un genre nouveau. Ils personnifièrent les vertus et les vices; et comme le dénouement de leurs poèmes avait toujours un sens moral, leurs pièces reçurent le nom de MORALITÉS. Ils les firent suivre d'un petit acte ordinairement fort comique, et qui donna naissance aux FARCES.

Je vais donner brièvement une idée de ces nouvelles productions. Voici une Moralité dont je n'ai besoin que de citer les personnages : leur nomenclature expose le sujet.

MORALITÉ DE L'HOMME PÉCHEUR. C'est à savoir LA TERRE et LE LIMON qui engendrent L'ADOLESCENT. — Personnages : *Le Limon de la terre. La Terre. L'Adolescent. Le Monde. Foy. Espérance. Charité. Dieu. Les Anges. Sapience divine. Michel. Gabriel. Raphaël. Le bon Ange. Raison. Franc Arbitre*, habillé en Roger bon temps. *Conscience. Entendement*, habillé en légiste.

Lucifer. Sathan. Démon. Belphemot. Le Dyable. Péché. Sensualité. Désespérance de pardon. Honte. Crainte de dire ses péchés. Espérance de longue vie. Orgueil. Avarice. Luxure. Envie. Gloutonnie. Ire. Paresse. L'homme péchant. Compassion. Le Pécheur. Concupiscence. Finette. Contricion. Satisfacion. Confession. Miséricorde. Le Prestre. Pénitence. Humilité. Largesse. Chasteté. Charité. Abstinence. Pacience. Diligence. Persévérance. Aulmosne. Oraison. Jeûne. Affliction. Maladie. La Mort.

Citons une Moralité à personnages latins. LES VIGILES DES MORTS. — Personnages: *Creator omnium. Vir fortissimus. Homo natus de muliere. Paucitas dierum.* Tous ces Latins-là s'entretenaient en français, et devaient avoir un air fort imposant sur le théâtre. Cette seconde Moralité est de Jean Molinet.

Le sujet de ces poèmes n'était pas toujours religieux ; on en jugera par la pièce suivante, qui est de Nicole DE LA CHENAYE.

MORALITÉ DE LA CONDAMNATION DU

BANQUET. On y voit se réjouir à table les personnages suivans : *Bonne-Compagnie. Je bois à vous. Je pleige d'autant. Accoustumance. Souper. Passe-Temps. Gourmandise et Friandise.* Mais ces gais convives sont épiés par des personnages malfaisans, que l'on aperçoit à une fenêtre ; ce sont : *Appoplexie, Paralisie, Epilencie* (sans doute *Epilepsie*), *Pleurésie, Colique, Esquinancie, Idropisie, Jaunisse, Gravelle,* et autres ennemis de même sorte, armés de bâtons et grotesquement habillés. Voilà que sur la fin du repas, *Souper,* en hôte perfide, fait entrer toute la cohorte. Il se livre un assaut terrible. La table est culbutée, tout est cassé. Arrive alors un personnage plus traître encore que *Souper,* c'est *Banquet,* qui feint de vouloir protéger les convives, et les fait remettre à table, où ils sont de nouveau surpris, et enfin mis à mort par les Maladies. *Bonne-Compagnie* est la seule qui échappe ; elle va se plaindre à dame *Expérience,* qui fait arrêter *Banquet* et *Souper* par *Sobriété, Clistère, Pillule, Seignée et Diette,* et les fait conduire en prison. Elle tient ensuite conseil avec « Ipocrate, Galien, Avicenne et Averroys ».

Les accusés sont condamnés; c'est *Remède* qui leur lit la sentence. *Banquet* est pendu....

> Quant à *Souper*, qui n'est pas si coupable :
> Pour ce qu'il sert de trop de metz sur table....
> Poignets de plomb, pesant bien largement,
> Au long du bras aura sur son pourpoinct;
> Et du disner pris ordinairement,
> De six lieues il n'approchera point.

Il y eut encore : Moralité *de l'Enfant Prodigue*. — *du bien Advisé et du mal Advisé*. — *du mauvais Riche et du Ladre*. — *d'une pauvre Villageoise, laquelle ayma mieux avoir la teste coupée par son père, que d'estre violée par son seigneur;* c'est-à-dire (car il y a amphibologie dans ce titre), qu'il faut savoir gré à cette jeune fille de son intention héroïque, mais elle n'eut pas la gloire du martyre. Au moment où son père, qu'elle conjurait de lui conserver l'honneur en lui coupant la tête, se décidait à faire usage de l'expédient, le seigneur écoutait à la porte, et heureusement se prit à dire :

> Je suis icy près à l'escoute,
> Mais j'ai de ce que j'oy pitié.

Cette Moralité fut « faicte à la louange et honneur des chastes et honnestes filles ».

FARCES. Je ne dois pas négliger de parler des Farces. « Il y avait, dit Laporte, dans son livre des *Epithètes* : Farce *joyeuse, histrionique, fabuleuse, enfarinée, morale, récréative, facétieuse, badine, française et nouvelle.* La quatrième épithète a seule besoin d'explication : c'est qu'alors, pour jouer, les acteurs se frottaient le visage avec de la farine; de là le proverbe : *Venir la.....* Mais je réfléchis que ce proverbe n'est plus fort en vogue depuis que l'on ne s'enfarine plus.

J'ai cité dans mon Introduction une scène de l'*Avocat Patelin*, Farce qu'un détracteur de mes Personnages regarde pourtant comme un prodige de l'art. Nous nous sommes arrêtés au moment où l'avocat, promettant au berger de lui faire gagner sa cause, quoiqu'il ait tort, lui recommande de ne répondre à toutes les questions qu'on lui fera autre chose que *bée*, c'est-à-dire, de contrefaire le cri de l'agneau. Le berger n'y manque pas.

LE JUGE.

Vecy angoisse.
Quel *bée* est cecy, suis-je chievre ?
. . . . . . Somme toute,
Par la sangbieu, je n'y voy goute.

INVENTEURS. 115

Patelin embrouille si bien les affaires que le berger est renvoyé absous. Il lui demande alors les *escus d'or à la couronne* qu'il lui a promis :

LE BERGIER.

Bée.

PATHELIN.

Maugrebien, ay-je tant vescu
Qu'un bergier, un mouton vestu,
Un villain paillart me rigolle.

LE BERGIER.

Bée.

Il y eut une Farce dont l'intrigue devait être fort plaisante, mais dont le titre seul nous est parvenu : FARCE *des Fils sans père, et de Colin changé au moulin.*

FARCES — *de Dire et Faire*, de Pierre GRINGORE. — *du Testament de Pathelin.* — *de la Cornette.* On croit celle-ci de Jean D'ABUNDANCE. — *des deux Filles et des deux Mariés*, de la reine de Navarre. — *de Trop, Prou, Peu, Moins;* encore de la reine de Navarre. On sera bien aise de connaître quelqu'une *des Marguerites de la Marguerite des princesses.* Le titre de cette Farce indique les seuls personnages qui y figurent, ceux-ci se moquent continuellement l'un de l'autre, sans qu'on sache trop ce qu'ils veulent dire. En voici un exemple :

TROP.

> Qui voudra sçavoir qui je suis,
> Descende au plus profond du puitz,
> Et parlent à ceux qui plus haut chantent,
> A ceux qui courent d'huys en huys,
> Et à ceux qui par un pertuys
> Les gens de Sarbatane enchantent;
> A ceux qui plus parlent, plus mentent, etc.

Ces nouveautés séduisirent le public naturellement inconstant, et les Bazochiens, avec leurs allégories, rivalisèrent long-temps, et avec un extrême succès, les Confrères, qui commençaient à tomber en désuétude : c'était Racine faisant presque oublier le grand Corneille ; la comparaison ne paraîtra sans doute pas déplacée.

Cependant, il était d'autres génies naissans qui, à leur tour, devaient l'emporter sur les Bazochiens ; et cette fois je serais fort embarrassé si l'on m'invitait à poursuivre ma comparaison. Je ne voudrais en vérité pas nommer ici Voltaire. Les acteurs de cette nouvelle troupe s'appelaient les ENFANS SANS-SOUCI ; ils donnaient à leurs pièces le titre de SOTTIES ou SOTTISES, et leur chef prenait la qualité de PRINCE DES SOTS. Ce prince-sot ne marchait que la tête couverte d'un capuchon surmonté de deux oreilles d'âne. Le second personnage en dignité s'intitulait MÈRE SOTTE : celui-ci était chargé de tout le détail des représentations, et la troupe avait choisi *les Halles* pour le théâtre de sa gloire.

Voilà bien une autre rivalité. Ces nouveaux personnages, avec leurs titres burlesques, se montraient de manière à faire oublier tous leurs prédécesseurs. L'association se composait de plusieurs jeunes gens de famille, amis des plaisirs et de l'indépendance, tous ayant de l'éducation et pétillant d'esprit. Marot, Clément Marot fut de leur nombre, et certes, d'après le refrain de sa ballade, on ne peut lui faire un crime d'avoir ainsi passé sa jeunesse :

CAR NOBLE CUEUR NE CHERCHE QUE SOULAS.

Toutes ses raisons ne sont pas moins bonnes, et amènent à merveille sa conclusion :

Nous sommes druz, chagrin ne nous suit mye :
De froid soucy ne sentons le frisson :

Mais de quoy sert une teste endormie ?
Autant un bœuf dormant près d'un buisson.
Languards piquans plus fort que hérisson,
Ou plus reclus qu'un vieil corbeau en cage,
Jamais d'autruy ne tiennent bon langage :
Tousiours s'en vont songeant quelque finesse :
Mais entre nous, nous vivons sans tristesse ;
Sans mal penser, plus aises que prélats,
Sans dire mal : c'est doncques grand' simplesse,
CAR NOBLE CUEUR NE CHERCHE QUE SOULAS.

C'était une idée fort ingénieuse d'établir une principauté sur les défauts du genre humain. L'expédient faisait naître un véritable comique, qui laissait aux uns leurs traits historiques et aux autres leurs allégories. Cet expédient fit fortune. La nouvelle troupe eut aussi ses lettres-patentes ; elle eut son *cry* ou proclamation rimée, qui mérite une bien autre attention encore que celle de la Bazoche, et dont je me ferais un crime d'omettre un seul mot, puisque tous les sots du monde ont également le droit de s'y voir dénommés. La voici dans toute sa teneur :

CRY DES ENFANS SANS-SOUCY.

Sotz lunatiques, sotz étourdis, sots sages,
Sotz de villes, sotz de chasteaux de villages,
Sotz rassotez, sotz nyais, sotz subtils,

Sotz amoureux, sotz privez, sotz sauvages,
Sotz vieux, nouveaux, et sotz de toutes âges,
Sotz barbares, estranges et gentilz,
Sotz raisonnables, sotz pervers, sotz retifz :
Votre Prince, sans nulles intervalles,
Le Mardy-Gras joüera ses Jeux aux Halles.

Sottes dames, et sottes demoiselles,
Sottes vieilles, sottes jeunes et nouvelles,
Toutes sottes aymant le masculin,
Sottes hardies, couardes, laides et belles,
Sottes frisques, sottes doulces et rebelles,
Sottes qui veulent avoir leur picotin,
Sottes trotantes sur pavé, sur chemin,
Sottes rouges, meigres, grosses et palles :
Le Mardy-Gras joüera le Prince aux Halles.

Il y a bien encore deux petites strophes, mais je les supprime, parce qu'on s'y occupe davantage des dames que des messieurs ; c'est de ma part un véritable trait de jalousie : chacun doit prendre les intérêts de son sexe.

Voici une des Sottises les plus remarquables ; elle est d'un anonyme.

SOTTISE à huit personnages, savoir : LE MONDE. ABUZ. SOT DISSOLU. SOT GLORIEUX. SOT CORROMPU. SOT TROMPEUR. SOT IGNORANT. SOTTE FOLLE. — On voit six arbres. Abus commence par décider le Monde à faire un somme. Dès qu'il le voit endormi, il va frapper alternativement tous les arbres, et de chacun d'eux sort un Sot; mais cela s'exécute progressivement et d'une manière motivée. Le premier arbre est celui de la Dissolution ; l'on en voit sortir « SOT DISSOLU, *habillé en homme d'église* ». Ceci avait trait à quelques irrégularités que des ecclésiastiques s'étaient permises sous les règnes précédens.

SOT DISSOLU.

Allons, des cartes à foison,
Vin cler et toute gormandise...

Il finit par demander de la société. Abus le satisfait aussitôt en frappant le second arbre. Arrive « SOT GLORIEUX, *habillé en gendarme* », qui, après avoir bien tapagé, veut une compagnie nombreuse. Le troisième arbre donne « SOT CORROMPU », le quatrième « SOT TROMPEUR, *habillé en marchand* »; et le cinquième « SOT IGNORANT ». Reste un arbre, et tout le monde est fort curieux de savoir ce qu'il renferme. Abus se rend enfin à toutes les sollicitations, et fait sortir « SOTTE FOLLE »; mais elle arrive en poussant des cris et se livrant à des transports de fureur qui font trembler toute la compagnie. « *Icy se moudra (se mouvera) la robe comme enraigée* ». Abus rassure les Sots, en leur disant que la Sotte n'est pas aussi redoutable qu'elle le paraît, et qu'il ne faut que lui parler avec douceur. En effet, ces messieurs n'ont pas plutôt employé ce moyen que la dame leur fait mille caresses. Il arrive en ce moment qu'ils aperçoivent le Monde qui est endormi. La Folle veut savoir quel est cet homme, et comme Abus lui répond que c'est le vieux Monde, elle persuade à la société de le tondre pour s'amuser. Tous les Sots goûtent ce projet et l'exécutent; mais quand le Monde est tondu, il leur semble si laid qu'ils le chassent ignominieusement. SOTTE FOLLE prie alors ABUS de construire un nouveau Monde, et il y consent avec plaisir. Il s'agit d'abord de donner une base à cet édifice.

ABUS.

Fauldroit une pierre de marbre.

SOT DISSOLU.

Ou du bois de quelque gros arbre,
Gros et massif et de bon poids.

SOT GLORIEUX.

Est-il au monde plus beau bois

Que avec duquel raiges je foiz (fais)?
Fundons-le sur deux ou trois lances.

SOT TROMPEUR.

Je veux le funder sur ung poidz,
Sur aulnes courtes de deux doiz,
Ou au filet d'une balance.

SOT CORROMPU.

Je vouldrois que les circonstances
Du Monde, pour mes récompances,
Fut parchemin, papier, procez.

SOT IGNORANT.

Sur mon agulhon à deux ances,
Pour le souhait de mes plaisances,
Le funder me seroit assez.

SOTTE FOLLE.

J'ay quatre fuseaux amassez,
Et ma quenoulhe, ores pensez,
Seroit-ce point bon fundement?

On s'accorde encore moins sur la qualité dont il sera. L'un le veut chaud, l'autre froid, l'autre sec, l'autre humide, l'autre pluvieux; l'autre enfin, et c'est la Folle, veut qu'il soit variable à tous vents. Même difficulté pour convenir de la forme. Abus réfléchit un instant; voulant les contenter tous, il propose que Confusion serve de base, et que chacun d'eux ensuite élève un pilier selon sa fantaisie. L'idée est applaudie, et l'on forme les six piliers. Il est inutile de dire que ces détails amènent beaucoup de fines allusions au caractère de chacun des personnages. Six piliers étant effectivement placés sur une grande table qui figure Confusion, on leur fait supporter une grosse boule de carton, et voilà le nouveau Monde. Ce grand œuvre étant terminé, nos Sots tardent peu à s'ennuyer, et se demandent ce qu'ils feront. Chacun ouvre un avis différent. Mais SOT DISSOLU veut faire l'amour à SOTTE FOLLE ; SOT GLORIEUX réclame aussitôt cet honneur. Les trois autres, à leur tour, y prétendent chacun exclusivement ; il s'ensuit une dispute. ABUS voulant prévenir le désordre, invite SOTTE FOLLE à faire un choix. Celle-ci répond qu'elle donnera la préférence à celui qui sautera le mieux. Chacun des prétendans se flatte d'une extrême agilité ; la belle, leur montrant l'intervalle qui se trouve entre les piliers,

>A qui plus soudain passera
>Parmi le trouz.... sus, avanssez.

Tous les Sots partent comme un trait, veulent

passer tous à la fois, et se débattent si bien, qu'ils culbutent le Monde....

ABUZ.

Adieu mon labeur.

TOUS.

Hé Dieu ! tout s'en va par abisme.

Pour les punir, Abus les fait tous rentrer d'où ils sont sortis. Le vieux Monde revient alors, et exhorte les spectateurs à profiter de cet exemple.

Telle est cette Sottise, selon moi fort spirituelle, susceptible de beaucoup de gaîté, de saillies fines et ingénieuses, et qui pourrait servir de canevas à un très-joli vaudeville; je le recommande aux bons faiseurs. Cette Sottise suffit pour que l'on se forme une idée avantageuse de ce genre de composition.

Ces gentillesses-là donnèrent beaucoup d'humeur aux Confrères de la Passion, qui toujours tiraient de leur escarcelle leurs *lettres scellées en lacs de soye et cire vertes*, privilége exclusif où il n'était nullement question de *sotz lunatiques*, ni de *sotz subtilz*, ni de toutes autres espèces de sots. Les Bazochiens prirent un parti plus décisif; ils cédèrent aux Enfans Sans-Souci le libre usage des *Farces* et des *Moralités*, à condition qu'à leur tour ils pourraient jouer des *Sottises*. Les Confrères finirent par faire le même arrangement avec les uns et les autres; de manière que le tout passa en commun. Ce fut alors que les bons Parisiens purent s'égayer tout à leur aise, car ils ne faisaient plus un pas sans trouver des échafauds et voir représenter des pièces de toutes les façons. Ces troupes restèrent en possession de célébrer les entrées solennelles des rois et des reines, et toutes les fêtes royales; car il faut dire que, dans mes diverses citations, je n'ai pas toujours été très-scrupuleux sur l'ordre chronologique, et que nos trois principales classes d'artistes sont, à peu de chose près, d'une égale ancienneté. Chaque réjouissance publique leur dut toujours sa plus grande pompe. J'ai suffisamment parlé des fêtes données en l'honneur de la reine Isabeau. On éleva des échafauds à la première porte Saint-Denis, devant la Trinité; à la seconde porte Saint-Denis, aujourd'hui abattue, et nommée alors la *Porte aux Peintres;* il y en eut devant la chapelle Saint-Jacques, et à la porte du Châtelet. Sur ce dernier échafaud était, dit Froissard, « un chastel ouvré et charpenté de bois et de garites (guérites), faites aussi fortes que pour durer quarante ans; et là y avoit à chacun des creneaux un homme d'arme, armé de toutes pièces, et sur le chastel un lit paré, ordonné et encourtiné aussi richement de toutes choses, comme pour la chambre du roy; et estoit appelé ce lict, le lict de justice; et là en ce lict par figure et par personnage, se gisoit *madame Sainte Anne*..... »

On vit, à l'entrée de Charles VII, le prévôt des marchands et échevins, celui de Paris et tous les autres magistrats, suivis de personnages représentant les *sept Péchés mortels* et les *sept Vertus*, tous à cheval, et habillés chacun d'une manière qui caractérisait son rôle. Il y eut des échafauds devant la Trinité, devant le Sépulcre, à la porte Sainte-Catherine, derrière Sainte-Opportune, devant le Châtelet et à l'entrée du grand pont. Sur l'avant-dernier se voyaient, entr'autres choses, le Paradis, le Purgatoire et l'Enfer, et au milieu, « l'archange S. Michel pesant dans une balance les ames des trépassez ».

Il y en eut en l'honneur de Louis XI, à la porte Saint-Denis, à la fontaine du Ponceau, à la fontaine des Innocens, aux Boucheries, à la porte du Châtelet, et en outre sur le pont au Change, où « y avoit, dit Jean de Troyes dans sa Chronique, autres personnages, et estoit tout estendu par dessus, et à l'heure que le roy passa, on laissa vôler parmi ledit pont plus de deux cents douzaines d'oiseaux de diverses sortes et façons, que les oyseleurs de Paris laissent aller, comme ils sont tenus de ce faire, pour ce qu'ils ont sur ledit pont lieu et place à jour de fête pour vendre lesdits oyseaux.... »

Furent également célébrées, l'entrée solennelle de Charles VIII, celle de Louis XII, celles d'Anne de Bretagne, de Marie d'Angleterre, de la reine Claude, d'Eléonore d'Autriche, seconde femme de François I, et le lecteur a dû remarquer, dans les représentations, tous les genres confondus. Les Personnages indigènes s'étaient adjoints aux colons, et déployaient aussi leurs talens avec une extrême activité : Chanteurs, Jongleurs, Bateleurs, Danseurs de corde, Escamoteurs, tous se signalaient à l'envi, tantôt collectivement, tantôt chacun de son côté. L'illustre réunion ne fut pourtant pas encore sans diverses contrariétés à essuyer. Souvent la foudre se fit entendre dans le lointain. Le génie scrutateur des Enfans Sans-Souci avait fini, en se propageant, par enfanter des pièces extrêmement piquantes, et qu'on voulut traiter de libelles diffamatoires. Des dissensions politiques alimentèrent et enhardirent cet esprit satirique; toutes les factions se déchiraient ainsi l'une l'autre sur les échafauds, et il en résultait les personnalités les plus offensantes. Le retour de l'ordre public mit un frein à cette extrême activité, et pensa même un moment en arrêter tout-à-fait l'essor; mais nos héros représentèrent modestement au roi que, de leurs jeux, dépendaient la gloire de son règne et le bonheur de ses peuples,

> Qui ose bien Vous dire sans reproche
> Que de tant plus son règne fleurira,
> **Vostre Paris tant plus resplendira.**

Leurs jeux furent donc maintenus, autorisés, encouragés même, et tout cela dura jusqu'au moment où Jodelle et autres poètes s'avisèrent de consulter le théâtre des Grecs et des Romains, et de créer, par imitation, un nouveau genre de comédies et de tragédies, qui ne devaient être représentées que dans un lieu clos. Les Confrères de la Passion crurent trouver une occasion de mettre exclusivement à profit l'ancienneté de leurs titres. Ils s'allièrent aux novateurs avec d'autant plus d'empressement, que le public était un peu rebattu de leurs Mystères. Ils cédèrent donc leur salle de la Trinité : comme ils ne purent venir à bout de bien rendre les nouveaux rôles, on leur fit au moins l'hommage de deux loges, afin qu'ils vissent à leur aise le spectacle; et dès l'ouverture, nos patriarches eurent le chagrin d'entendre ces vers du prologue d'une comédie intitulée *Eugène* :

> Le style est noble, et chacun personnage
> Se dit aussi estre de ce langage,
> Sans que broüillant avecques nos farceurs
> Le sainct ruisseau de nos plus sainctes sœurs,
> On moralise un conseil, un escrit,
> Un temps, un tout, une chair, un esprit,
> Et tel fatras dont maint et maint folastre
> Fait bien souvent l'honneur de son théastre.

Vint un autre prologue qui alla encore plus directement au fait :

> Non, ce n'est pas de nous qu'il fault,
> Pour accomplir cet eschaffault,

> Attendre les farces prisées
> Qu'on a tousiours moralisées :
> Car ce n'est nostre intention
> De mesler la religion
> Dans le sujet des choses feinctes ;
> Aussi jamais les lettres sainctes
> Ne furent données de Dieu
> Pour en faire après quelque jeu.

Ce fut un crève-cœur pour les Confrères, qui se repentirent trop tard d'avoir voulu séparer leurs intérêts de ceux de leurs anciens compagnons; les Bazochiens avaient pris le parti de s'en tenir à leurs procès; quant aux Enfans Sans-Souci, ils s'associèrent avec différentes troupes, qui s'établirent en diverses foires, ou coururent la province. Voilà donc comme un peuple nouveau qui s'élève sur le sol défriché par les Confrères de la Passion, et si long-tems fertilisé par eux. C'est ici que je dois abandonner cette branche parasite et infidèle, pour ne plus m'occuper que du tronc hospitalier qui lui avait communiqué sa sève vivifiante. Heureusement qu'il se trouva des hommes dont le génie soutint, en pleine rue, la gloire des échafauds, et que je regarderai comme les conservateurs de tous les genres qu'ils trouvèrent créés. Ce sont eux qui occuperont ma seconde partie; je vais terminer celle-ci en présentant individuellement ceux des Personnages les plus recommandables qui figurèrent parmi les Confrères de la Passion, les Bazochiens et les Enfans Sans-Souci.

PERSONNAGES AUTEURS, ACTEURS ET ENTREPRENEURS.

PIERRE GRINGORE, DIT VAUDEMONT.

Ce personnage fut *Mere-Sotte* ou *Maire-Sotte*, premier ministre du prince des Sots. Il se rendit célèbre aux trois titres que j'ai désignés ci-dessus : il entreprit, de société avec un nommé Jean Marchant, la représentation de divers Mystères; ses talens sur la scène furent estimés, et il composa une Sottise, une Moralité et une Farce, qui toutes trois furent représentées le même jour aux Halles en 1511. Cette *Mère-Sotte* était d'une famille féconde en hommes de génie : un de ses aïeux avait été *Mère-Folle*, et avait composé plusieurs couplets, entr'autres ceux-ci, moitié latins et moitié français, que sa compagnie chantait dans les grandes solennités :

> De asino bono nostro
> Meliori et optimo
> Debemus *faire fête.*
>
> *En revenant* de Gravinariâ,
> *Un gros chardon* reperit in viâ :
> *Il lui coupa la tête.* *

Quelques-uns attribuent à Pierre Gringore la Sottise *du Vieux et du Nouveau Monde ;*

---

* Ces vers et ceux que j'ai cités page 24, sur la fête de l'Ane, sont extraits d'un in-8°. rare, intitulé : *Mémoires pour servir à l'histoire de la Fête des Foux, qui se faisait autrefois dans plusieurs églises;* par M. du TILLIOT, gentilhomme ordinaire de S. A R. Mg. le duc de Berry, 1751. Cet ouvrage curieux, que j'ai rencontré dans le cabinet de lecture de M. ROYOL, porte St. Jacques, est précédé de divers dessins représentant, d'après les originaux : 1°. le *Sceau en cire rouge* attaché aux lettres-patentes ; 2°. la *Marotte de la Mère-Folle ;* 3°. une *Cruche de porcelaine* dont on se servait dans les repas de cérémonies ; 4°. trois *Sceaux en cire verte;* 5°. le *Bonnet de la compagnie;* 6°. le *Chapeau du Guidon,* couvert de velours vert et galonné en argent ; 7°. l'*Habit du Guidon,* idem, et les manches de velours rouge ; 8°. le *Guidon;* 9°. le *revers du Guidon;* 10°. l'*Etendart;* 11°. le *Bâton de la compagnie;* 12°. un autre *Sceau en cire rouge;* 13°. le *Char* ou *Charriot de la compagnie;* 14°. la *Mère-Folle;* 15°. la *Folie.* Que de monumens authentiques de la haute importance jadis attachée aux talens de mes Personnages ! Ne pouvant les placer sous les yeux du lecteur, je lui indique au moins où il pourrait les consulter.

mais, disent nos caustiques et ingrats historiens du Théâtre-Français, « c'est ne sçavoir pas distinguer l'or d'avec le plomb ». Selon eux, Gringore avait l'imagination pesante et grossière. Il fut enterré à Notre-Dame. C'était un hérault d'armes du duc de Lorraine.

PONT-ALAIS, ou PONT-ALLETZ.

Egalement auteur, acteur et entrepreneur de Mystères; contemporain de Gringore, mais plus célèbre encore, s'il est possible, surtout par ses bons mots, qui lui valurent la faveur de Louis XII et de François Ier, et le firent accueillir par les plus grands seigneurs de la cour.

C'était un plaisant. On cite un tour qu'il joua à un barbier-étuviste, homme fort glorieux, se croyant un petit génie, et qu'il employait souvent dans ses représentations. Il lui dit que tout le monde l'admirait lorsqu'il était en scène, que chacun demandait son nom, qu'enfin le spectacle n'était jamais aussi couru que lorsqu'il y avait un rôle. Celui-ci, transporté d'une telle confidence, et redoublant d'amour-propre, déclara qu'il ne voulait plus jouer que dans les représentations extraordinaires, et surtout dans quelques rôles marquans. Pont-Alais lui donna un matin à apprendre celui « d'un roy d'Inde la majeure ». Notre barbier fut au comble de sa joie; mais Pont-Alais, qui apprêtait à rire aux dépens du nouveau monarque, avait eu soin de lui donner peu à parler, afin que s'il se dépitait, le spectacle ne manquât point. Aussitôt donc que le barbier fut sur son trône, le sceptre à la main, et dans l'attitude convenable à la majesté royale, notre plaisant s'avança sur le bord de l'échafaud, et dit aux spectateurs, avec une grâce qui lui était particulière :

> Je suis des moindres le mineur,
> Et n'ay pas vaillant un teston ;
> Mais le roy d'Inde la majeur
> M'a souvent razé le menton.

Ces mots égayèrent tout le monde, excepté sa majesté. Il arrivait aussi parfois à Pont-Alais d'être peu respectueux envers les personnes auxquelles il devait de la déférence. Il s'avisa un jour de faire faire son *cry* dans le carrefour qui avoisine l'église Saint-Eustache, pendant que le curé faisait son prône. Le bruit du tambourin, et l'empressement des paroissiens à sortir pour écouter la proclamation, décidèrent le curé à se rendre dans le carrefour : « Qui vous a fait si hardi, dit-il à Pont-Alais, de tabouriner pendant que je prêche? — Et qui vous a fait si hardi, répliqua le joueur de Farces, de prêcher pendant que je tabourine? » Le curé laissa la question indécise; mais il se plaignit au magistrat, qui, pour la résoudre, envoya notre héros passer six mois en prison.

Les ouvrages de Pont-Alais ne nous sont pas parvenus, bien qu'il ait composé des Mystères, des Moralités, des Satires et des Farces, c'est-à-dire qu'il ait brillé dans tous les genres. Il paraît qu'il avait donné l'idée de lever un denier d'octroi sur chaque panier de marée qui arrivait aux Halles; il en eut tant de regret sur la fin de ses jours, qu'il voulut être enterré sous le ruisseau de la rue Montmartre, « s'estimant indigne, dit Duverdier, d'avoir une plus honnête sépulture ». Ses volontés furent scrupuleusement exécutées.

JEAN DE SERRE.

Jean de Serre n'a qu'un titre, celui d'*excellent joueur de Farces*. Clément Marot en parle ainsi :

> Il fut en son jeu si adextre,
> Qu'à le veoir on le pensoit estre
> Yvrogne, quand il s'y prenoit,
> Ou Badin, s'il l'entreprenoit;
> Et n'eust sceu faire en sa puissance
> Le sage, car en sa naissance
> Nature ne lui fist la trogne
> Que d'un Badin ou d'un Yvrogne....

Les vers suivans donneront quelque idée de son costume de théâtre : C'est encore Marot qui nous fournit ces renseignemens :

> Or bref, quant il entroit en salle
> Avec une chemise sale,
> Le front, la jouë et la narine,
> Toute couverte de farine,
> Et coëffé d'un béguin d'enfant,
> Et d'un haut bonnet triomphant,
> Garni de plumes de chapons;
> Avec tout cela je réponds
> Qu'en voyant sa mine niaise,
> On n'estoit pas moins gay ni aise
> Qu'on est aux Champs-Elisiens....

Et le poète ajoute cette réflexion fort juste :

> Or pleurez, riez votre saoul,
> Tout cela ne luy sert d'un soul.
> Vous feriez beaucoup mieux, en somme,
> De prier Dieu pour le poure homme.

LE COMTE DE SALLES.

On ignore le véritable nom de cet acteur. C'était un Bazochien. Marot l'a aussi célébré. Je ne vois rien de remarquable sur ce personnage que son nom de théâtre.

JACQUES MERNABLE.

C'est le pauvre Irus. Ronsard a célébré la misère de ce joueur de Farces :

> Tandis que tu vivois, Mernable,
> Tu n'avois ni maison ni table,
> Et jamais, pauvre, tu n'as veu
> En ta maison le pot au feu ;
> Ores la mort t'est profitable :
> Car tu n'as plus besoin de table
> Ni de pot, et si désormais
> Tu as maison pour tout jamais.

J'ignore si l'extrême pauvreté de ce personnage venait d'un dédain philosophique pour les biens de ce monde, ou d'un peu d'inconduite. Dans tous les cas, ce fut sans doute un très-grand talent dramatique, puisque Ronsard lui a consacré de si beaux vers.

FIN DE LA PREMIÈRE PARTIE.

LES CHARLATANS CÉLÈBRES.

SECONDE PARTIE.

PERSONNAGES IMITATEURS.

GAULTIER-GARGUILLE, GROS-GUILLAUME et TURLUPIN, farceurs.

L'esprit de la farce allait donc s'éteindre à jamais, et toute la gloire des échafauds était près de s'évanouir, lorsque trois garçons boulangers, écoutant une voix secrète, qui leur présageait de grandes destinées, quittèrent tout-à-coup leurs jupons, se sapoudrèrent la figure d'une nouvelle couche de farine, et, affublant chacun d'un costume original, coururent se montrer en public, et annoncer que l'esprit de la Farce ne périrait pas : *Exoriare aliquis*. Ces trois héros ne furent pas simplement des Personnages imitateurs ; mais, comme je l'ai dit, ce furent les conservateurs du genre. Honneur à Gaultier-Garguille, à Gros-Guillaume et à Turlupin !

..... *Primo avulso, non deficit alter Aureus.*

« Ces trois amis, disent les Mémoires, louèrent un petit jeu de paume à la porte Saint-Jacques, ou plutôt près de l'ancien fossé, qu'on nomme aujourd'hui l'Estrapade ; ils avoient un théâtre portatif, et des toiles de bateau peintes pour leur servir de décorations. Ils jouoient depuis une heure jusqu'à deux, surtout pour les écoliers, et le jeu recommençoit le soir. Le prix du spectacle étoit de deux sols six deniers. Gaultier-Garguille faisoit ordinairement le maître d'école, quelquefois le sçavant, avec un livre de chansons qu'il avoit composées et qu'il débitoit, et quelquefois le maître de la maison, suivant les sujets de leurs pièces. Gros-Guillaume avoit adopté le caractère d'un homme sentencieux, et le prude Turlupin, tantôt valet, tantôt intrigant et filou, jouoit avec feu, et les bons mots ne lui manquoient pas ».

J'ai dû présenter ces trois Personnages dans un seul et même article; le lecteur verra qu'à plus d'un titre ils ne pouvaient être séparés; mais je vais un instant considérer chacun d'eux isolément.

Les noms de *Gaultier-Garguille*, de *Gros-Guillaume* et de *Turlupin*, ne sont que des noms de Farce que s'étaient donnés nos artistes. Le premier se nommait Hugues Guéru. Il était Normand; ce qui ne l'empêchoit pas, dit Sauval, d'imiter parfaitement l'accent, le geste et les manières d'un Gascon. « Il étoit, ajoute cet auteur, extrêmement souple, et toutes les parties de son corps lui obéissoient si parfaitement, qu'on l'auroit pris pour une vraye marionnette. Il étoit très-maigre, avoit les jambes droites, menues, et avec cela un très-gros visage, qu'il couvroit ordinairement d'un masque, avec une barbe pointue. On ne pouvoit le voir sans rire. Il n'y avoit rien dans ses paroles, dans sa démarche et dans son action, qui ne fût très-comique. Aussi jamais comédien ne fut plus naïf et plus naturel. Turlupin et Gros-Guillaume le secondaient merveilleusement ; mais lorsqu'il venait à chanter seul, il réunissoit tous les suffrages ; sa posture, ses gestes, ses tons, ses accens, tout étoit si burlesque, que la chanson de Gaultier-Garguille passa en proverbe ».

Voici quel était son accoutrement : « Une espèce de bonnet plat et fourré; point de cravatte ni de col de chemise; une camisole qui descendoit jusqu'à la moitié des cuisses; une culotte étroite qui venoit se joindre aux bas, dessous les genoux; une ceinture de laquelle pendoit une gibecière, et un gros poignard de bois passé dans la même ceinture ». Le corps de l'habit était noir, les manches rouges, les boutons et les boutonnières rouges sur le noir, et noires sur le rouge. Donnez à cette carricature des pantoufles au lieu de souliers, et un bâton à la main...

Ecce homo véritable,

comme disaient les Confrères de la Passion; vous aurez Gaultier-Garguille.

Je citerai quelques-unes de ses chansons.

CHANSONS DE GAULTIER-GARGUILLE.

Que je me plais soubs vostre loy !
Cloris, sitost que je vous voy,

    Ma joye est sans seconde,
Car vous avez je ne sçay qnoi
    Qui charme tout le monde.

Vos dédains me sont des appas :
Vous me fuyez, je suis vos pas,
    Vostre glace m'enflamme,
Et vous serez jusqu'au trespas,
    Princesse de mon ame.

Je sçay bien qu'un roy seulement
Est digne d'estre votre amant,
    O ma douce cruelle !
Mais si je faux en vous aymant,
    Au moins la faute est belle.

C'est une romance; mais Gaultier-Garguille n'était pas pour le genre langoureux. Voyons de sa grosse gaîté.

    Un jour en me pourmenant
    Dans l'espois d'un verd bocage,
    Trouvay Philin et Philis
    Qui faisoient un beau mesnage.
La, la, la, la, ne riez pas tant,
    Vous en feriez bien autant.

Autre.

Mon compère a une fille,
Donne-ly, donne-ly de l'estrille,

Qui coud, qui brode et qui file!
Ha! qu'il est heureux qui coud.
Donne-ly, donne-ly de l'estrille
Et de l'avoine au poinct du jour.

Autre.

Jean, ceste nuict, comme m'a dit ma mère,
Doit m'assaillir, mais je ne le crains guère;
Si
Ma mère n'en est pas morte,
Je n'en mourray pas aussi.

Je ne suis pas de ces folles badines
Qui font venir à l'ayde leurs voisines;
Si
Ma mère n'en est pas morte,
Je n'en mourray pas aussi.

Chanson dialoguée.

Belle, quand te lasseras-tu
De causer mon martyre?
— Je n'ai ni beauté ni vertu,
Cela vous plaist à dire;
Portez vos beaux discours ailleurs,
Car je n'aimons pas les railleurs.

Non, je ne raille nullement
Quand je te nomme belle.

— Je sommes belle voirement,
　　Mais c'est à la chandelle ;
Néantmoins pas un sermoneur
N'a rien gaigné sur nostre honneur.

———

Encore une petite pointe de gaîté :

　　Que l'Amour est rigoureux,
　　Qu'il assortit mal ses flames !
　　Quand j'estois jeune amoureux
　　Il me fit hayr des dames.
　　Ore il m'offre des fillettes
　　Quand j'ai passé soixante ans :
　　Mais c'est donner des noisettes
　　A ceux qui n'ont plus de dents.

———

Là se termine tout ce que j'extrairai et ce que l'on peut extraire du Recueil, non que le tout n'y soit excellent, mais parce qu'on gémit à chaque pas en reconnaissant combien les tems sont changés. Ces chansons firent l'admiration de la bonne compagnie, et furent faites surtout pour les dames, comme l'atteste cette stance en l'honneur de Gaultier-Garguille :

Gaultier aura l'honneur que les plus belles dames
Emprunteront ses vers pour descrire leurs flames,

> Et le Dieu des neuf Sœurs
> Apprendra ses chansons pour donner des oracles;
> Car leurs charmes et leurs douceurs
> N'ont que trop de pouvoir pour faire des miracles.

Gaultier-Garguille fut donc un poète célèbre. Que si l'on est jaloux de juger de sa prose, en voici un échantillon par son épître *aux Curieux*, placée, avec son portrait, en tête du Recueil. « Le froid humide du dernier voyage de Compiegne m'ayant enroué la gargamelle comme une charette mal graissée, je me suis consolé en mon affliction, ainsi que font ces vieux bourguemaistres d'Allemagne, qui ne pouvant plus continuer la bonne chere accoustumée, à cause de l'indigestion de leur estomach, se contentent de faire trinquer et festiner leurs valets en leur présence, se servant en ces repas des yeux pour faire l'office de la bouche : de mesme, voyant qu'il ne m'estoit plus possible d'entonner l'air de mes agréables chansons, je me suis advisé de les faire imprimer, afin d'avoir le plaisir ou de les ouïr chanter devant moi par d'autres, ou bien les lisant de les marmotter moi-mesme en basse notte : mais à présent qu'Apollon, en faveur des Muses, m'a faict recouvrer une bonne partie de l'original de ma voix, je vous offre en ce Recueil la copie pour vous divertir quelquefois durant ce prochain carneval. Que si ce portrait ne vous satisfait entièrement, vous pourrez venir voir le Personnage vivant, ou au Louvre, ou en nostre théâtre ordinaire. C'est, Messieurs, ajoute-t-il, *l'effectif* GAULTIER GARGUILLE. »

Passons maintenant à ses deux illustres compagnons.

Le vrai nom de *Gros-Guillaume* était Robert GUÉRIN. Celui-ci ne voulut point mettre de masque et continua de s'enfariner le visage, et si adroitement, disent les Mémoires, « qu'en remuant un peu les lèvres, il blanchissait tout d'un coup ceux à qui il parlait, » ce qui devait être fort divertissant. Voilà son caractère comique bien établi; quant à son physique, il n'était point beau ni très-favorable à sa nouvelle profession, car Gros-Guillaume avait le ventre d'une grosseur énorme; mais cette incommodité même était, dit-on encore, ce qui contribuait le plus à rendre sa figure plaisante : il s'était avisé de se garotter de deux ceintures, l'une au-dessous des aisselles, l'autre sur le ventre; et comme son corps avait naturellement l'apparence d'un tonneau, les ceintures semblaient deux cerceaux. Cette similitude n'était pas sans quelque rapport avec les goûts de Gros-Guillaume. Ce grand homme aimait extraordinairement la bouteille, et l'on prétend que pour être de bonne humeur, il falloit qu'il se fût enivré avec son compère le savetier.

Peut-être aussi Gros-Guillaume cherchait-il à assoupir la violence d'un mal bien cruel qui ne lui donnait presque point de repos; il était tourmenté de la pierre, et souvent, sur le théâtre, il en ressentait de si vives atteintes qu'il en pleurait de douleur. Les personnes placées près de la scène remarquaient sa contenance triste et ses yeux pleins de larmes, mais au loin on ne se fût pas douté qu'il souffrît; il se faisait violence au point de réjouir autant que s'il eût eu le corps et l'esprit bien tranquilles. Cela ne l'empêcha point de vivre quatre-vingts ans et de mériter que ces vers fussent gravés au bas de son portrait :

Tel est . . . .
Gros-Guillaume avecques sa trogne,

Enfariné comme un meunier.
Son minois et sa réthorique
Valent les bons mots de Regnier
Contre l'humeur mélancolique.

Son costume est fort remarquable. Culotte rayée; de gros souliers gris, noués d'une touffe de laine; de plus, enveloppé d'un sac plein de laine lié au haut de ses cuisses; pour coiffure, une calle ou barrette ronde ayant une mentonnière de peau de mouton. C'était une espèce de mérinos.

Quant au fameux *Turlupin*, qui se nommait Henri LEGRAND, il ne s'amusa point à inventer un costume. Il imita simplement celui de Briguelle, comédien italien alors fort couru et dont le caractère est resté à notre théâtre. Turlupin était bien fait, bel homme, quoiqu'un peu rousseau, et avait d'ailleurs, à ce que l'on rapporte, une extrême ressemblance avec son modèle. « Leur taille était la même, et leur visage avait aussi beaucoup de rapport. Tous deux jouaient le rôle de Zani, qui est le facétieux de la bande : ils portaient un masque, et l'on ne voyait point d'autre différence entre eux que celle qu'on remarque dans un tableau, entre l'original et une excellente copie. » Turlupin éleva la Farce à un tel degré, que tout ce qu'il débitait reçut le nom de *Turlupinades*.

Tels furent nos trois Farceurs. Joignons à ce tableau une de leurs Farces plaisantes et récréatives.

Gros-Guillaume qui fait le père se met le trafic en tête, et décide de faire un voyage aux Indes. Une seule chose l'inquiète. J'ai, dit-il, une petite friande au logis, et je crains... Il veut demander conseil à Turlupin, son valet, et l'appelle.

TURLUPIN.

« Qui va là?

GROS-GUILLAUME.

« Je te veux communiquer une affaire d'importance, j'ai résolu d'aller aux Indes.

TURLUPIN.

« Qu'y faire? Vous faut-il sortir de la ville de Paris?

GROS-GUILLAUME.

« O la bête! les Indes sont éloignées d'ici d'un grand espace.

TURLUPIN.

« Vous embarquerez-vous à Montmartre?

GROS-GUILLAUME.

« O le gros âne! c'est par la mer qu'il faut que j'aille aux Indes; mais ce n'est pas là où je me veux arrêter, je te veux donner en garde ma petite Florentine, etc. »

Le papa n'est pas plutôt parti que Florentine vient confier à Turlupin qu'elle aime le seigneur Horace, et lui remet une bague pour qu'il la lui porte de sa part.

TURLUPIN.

« Je ne manquerai point de la lui donner. Allez à la maison, et préparez toujours la soupe. »

Le seigneur Horace arrive alors, et Turlupin qui ne le connaît pas, est sur le point de le tuer, tant il se pique de bien garder le logis. Mais cet amant lui fait bientôt à son tour sa confidence. Il vient, après une longue absence, revoir Florentine.

TURLUPIN, *à part*.

« De lui bailler la bague il n'est pas besoin, elle me servira bien.

HORACE.

« Quelles nouvelles as-tu de ma maîtresse, Turlupin ?

TURLUPIN.

« Bien tristes, monsieur ; la pauvre fille avait une chaîne comme la vôtre ; en allant à la rivière, elle l'a laissé tomber dedans.

HORACE.

« Je lui veux faire un présent de la mienne. Donne-la lui de ma part.

TURLUPIN.

« Je n'y manquerai pas ; mais je vous avertis d'une chose, de ne lui en point parler, car elle ne veut pas qu'on lui reproche ce qu'on lui donne.

HORACE.

« Je ne lui en dirai jamais mot. »

L'entrevue des deux amans est remise à demi-heure. Dès qu'Horace est parti, Florentine revient et demande à Turlupin s'il a remis l'anneau.

TURLUPIN.

« Oui, madame ; mais comme vous sçavez

que les hommes généreux ne veulent pas qu'on leur reproche rien, aussi ne faut-il pas que vous lui en parliez.

FLORENTINE.

« Vraiment je n'ai garde. »

Tout va bien, mais le seigneur Horace rentre alors ; il s'ensuit une scène assez plaisante par l'embarras de Turlupin, et qui peut en outre être considérée comme un modèle en style de galanterie.

HORACE.

« Ma chère âme, il y a une infinité de siècles que je désire de vous voir ! Pardonnez au trop de hardiesse que j'ay de vous présenter mon service.

TURLUPIN, *bas à Horace.*

« Ne lui parlez pas de la chaîne.

HORACE.

« O le brouillon ! tu m'empêches en mon discours.

FLORENTINE.

« Monsieur, ce n'est pas peu d'honneur que vous me faites, de me faire participante de vos affections.

TURLUPIN, *bas à Florentine.*

« Gardez-vous surtout de lui parler de la bague.

HORACE.

« Madame, *vos yeux peuvent graver toutes sortes de loix sur mon esprit, tant leurs rayons ont de puissance.*

TURLUPIN, *bas à Horace.*

« Ne soyez pas si indiscret que de lui parler de la chaîne.

FLORENTINE.

« Monsieur, je vous ai déjà témoigné, en vous envoyant ma bague, combien je vous affectionnais.

TURLUPIN, *à part.*

« Tête non pas de ma vie ! me voilà découvert.

HORACE.

« Madame, je n'ai pas oui parler de bague ; mais il est bien vrai que je vous ai envoyé une chaîne d'or par Turlupin.

TURLUPIN, *à part.*

« O le diable ! me voilà séduit, il faut tout

rendre.... Les voici toutes deux, j'avais oublié de les donner. »

Nous en sommes ici à la IX.ᵉ scène, et Gros-Guillaume est déjà revenu des Indes, apportant toutes sortes de marchandises. Il entre donc. Mais apprenant que sa fille a un amant et même qu'elle est mariée, il s'en prend à Turlupin qu'il veut tuer, puis au seigneur Horace, qu'il menace de cent coups de bâtons, puis à sa fille qu'il appelle *madame la vilaine*, et ils se battent tous. *Fin de la Farce.*

Je pourrais faire beaucoup d'autres citations aussi intéressantes. Mais le lecteur a sans doute suffisamment apprécié le génie de nos artistes; seulement, comme Gauthier-Garguille n'a pas figuré dans le divertissement, je vais donner ici un de ses prologues qui me paraît extrêmement réjouissant et devait merveilleusement disposer les assistans au spectacle qu'il leur annonçait. L'orateur parle en faveur du mensonge. « Quelqu'un, dit-il, m'avait reproché ces jours passez, que je n'étois pas assez mêlé dans mes discours : tellement que j'ay fait un bouquet de mes menues pensées et de la diversité d'icelles, pour attacher au bonnet du plus sévère censeur de la troupe, afin qu'il confronte au jardin de mes inventions, pour voir s'il y trouvera des fleurs plus agréables.... Ouy, messieurs, certains podagres, comme dit Menotus dans ses sermons, m'ont par bravade, fait improvistement sortir de mon cabinet pour appointer un différend de bonne maison, sans me donner le temps de mettre une dose d'éloquence dans ma gibecière... Sans donc déguiser le sujet, je soutiendray le mensonge être seul utile et nécessaire à l'homme, et qu'une des plus grandes vertus qui rend aujourd'hui recommandable, est de sçavoir mentir... Messieurs et dames, je désirerois, souhaiterois, voudrois, demanderois, requérerois, désidérativement, souhaitativement, volontairement... avec mes désiratoires, souhaitatoires... vous remercier de votre bonne assistance et audience. » Et il annonce qu'on va représenter une petite Farce réjouie et gaillarde.

Tant de talens ne pouvaient qu'obtenir un très-grand succès, et l'on pense bien que les patentés tardèrent peu à concevoir de l'ombrage. Ils se plaignirent au cardinal de Richelieu, disant que trois bateleurs entreprenaient sur leurs droits. Son Éminence voulut juger par elle-même de ces nouveaux artistes. Elle les fit venir au Palais-Cardinal, depuis nommé le Palais-Royal, ou si l'on veut encore, le Palais du Tribunat, et leur ordonna de jouer devant elle dans une alcove. Nos illustres opprimés obéirent, et ce moment fut leur triomphe, car son Éminence rit aux larmes de leurs lazzis, et surtout en voyant Gros-Guillaume habillé en femme essayer tous les moyens les plus touchans pour apaiser la colère de son mari Turlupin, qui, toujours le sabre à la main, voulait lui couper la tête; scène qui dura une heure entière. Le cardinal enthousiasmé fit venir les exclusifs de l'hôtel de Bourgogne, et leur reprochant qu'on sortait toujours triste de leurs représentations, leur ordonna de s'associer ces trois excellens comiques. Cette décision afflige le lecteur, parce qu'il craint que les talens de nos héros ne perdent ici toute la liberté nécessaire à leur essor; mais les historiens nous rassurent en attestant qu'ils n'eurent pas moins de succès dans cette nouvelle carrière; il en est même qui prétendent que Gaultier-Garguille, Gros-Guillaume et Turlupin, n'eurent chez les comédiens d'autre emploi que de faire des parades en dehors avant les représentations et de rassembler la foule à la porte. S'il en est ainsi, toutes les inquiétudes ont cessé, et comme dit Malherbe:

. . Le flux de ma peine a trouvé son reflux.

J'ai dit préliminairement que l'envie n'a cessé de poursuivre mes héros; j'ajouterai ici que, pour atteindre même leur mémoire, elle a rempli de contradictions les chroniques qui leur sont comtemporaines. Par exemple, pour Gaultier-Garguille, Gros-Guillaume et Turlupin, ne s'en trouve-t-il pas qui dénient que jamais le cardinal de Richelieu les ait fait venir dans son palais et jouer dans une alcove? D'autres ensuite prétendent que ces trois artistes n'avaient pas été garçons boulangers; cependant les Mémoires que j'ai suivis, vont jusqu'à citer le faubourg où ils travaillaient, et disent que c'était le faubourg Saint-Laurent. Que de nuages environnent les premières années de la vie des grands hommes!

Croira-t-on maintenant que même l'emploi des parades à la porte est contesté? Gaultier-Garguille, disent plusieurs historiens, se distingua dans le tragique (ce dont le lecteur ne se serait peut-être pas douté), et représenta avec beaucoup de dignité les rôles de rois. « Quand il étoit masqué, ajoutent-ils, et que la difformité de ses jambes et de sa taille étoit couverte d'une robe, il n'y avoit point de rôle qu'il ne fût capable de jouer. » Il déploya ces nouveaux talens sous le nom de FLÉCHELLE. Gros-Guillaume et Turlupin avaient pris dans la comédie les noms de LAFLEUR et de BELLEVILLE.

Que dire, que répondre, au milieu de tant de récits opposés? que les uns voulurent déprimer et ne déprimèrent point; que les autres crurent rehausser nos Personnages et ne pouvaient ajouter à leur illustration. Quand chacun d'eux aurait été garçon boulanger,

Pensez-vous qu'après tout ses mânes en rougissent?

Ce qui reste très-constant, c'est qu'ils s'*enfarinèrent*, puisque tous les auteurs s'accordent à les traiter d'*enfarinés*. Une chose trèscertaine encore, c'est qu'ils jouèrent *dans l'hôtel de Bourgogne*, car si l'on se rappelle le vers de

> Gros-Guillaume avecques sa trogne,

on verra que je viens de remplir le vers précédent que j'avais exprès laissé en blanc : c'est là ce qui s'appelle avoir gardé en poche ses pièces de conviction. Résumons-nous : Gaultier-Garguille eut un emploi dans le tragique? je n'en doute point; il fit les parades à la porte? j'en doute encore moins : l'un et l'autre aura sans doute eu lieu alternativement. J'ai pensé que le lecteur me pardonnerait cette petite dissertation en faveur de trois Personnages que je regarde comme la tige nouvelle, la souche régénérée de tous mes héros. Mais il faut enfin nous séparer d'eux.

Il est un troisième fait qui n'a jamais été contesté, c'est qu'ils donnèrent entre eux l'exemple d'une amitié héroïque qui les place bien au-dessus des Oreste et des Pylade. Un terrible événement va prouver ce que j'avance. Gros-Guillaume, parvenu, malgré son infirmité, à l'âge de quatre-vingts ans, n'avait encore rien perdu de son talent pour réjouir. Il voulut même un jour y ajouter en contrefaisant un magistrat qui avait pour tic certaine grimace habituelle et fort plaisante. Le public sentit parfaitement l'allusion, et rit beaucoup; le magistrat qui ne s'y était pas trompé non plus, s'avisa de prendre la chose différemment et fit décréter et emprisonner notre plaisant. La foudre avait aussi voulu atteindre Gaultier-Garguille et Turlupin, mais ceux-ci avaient échappé en prenant la fuite. Vain espoir, hélas! un coup plus terrible encore devait suspendre leurs pas : Gros-Guillaume, se voyant mettre au cachot, en mourut de saisissement. C'était pour ses deux amis avoir en même temps coupé le fil de leurs jours; ils ne purent lui survivre, et la même semaine les vit tous les trois descendre au tombeau. Gaultier-Garguille fut enterré à Saint-Sauveur. J'ignore où fut transférée la dépouille mortelle de ses deux illustres compagnons.

Ces trois amis ne voulurent point admettre de femmes dans leur société dramatique;

On sait le proverbe italien : *la donna è come la castagna, bella di fuori, e dentro......* Nos amis pensèrent que des femmes les désuniraient. Chacun d'eux en son particulier, ne fit pourtant nulles difficultés de former les nœuds du mariage. Gros-Guillaume laissa une fille qui fut comédienne et s'unit à un acteur de l'hôtel de Bourgogne, nommé Lafleur, le premier, dit-on, qui ait joué de manière à prouver *qu'il avait des entrailles*. La veuve de Turlupin épousa en secondes noces d'Orgemont, comédien de la troupe du Marais, et qui passait pour en être le meilleur. Quant à la veuve de Gaultier-Garguille, qui avait aussi l'honneur d'être fille d'un personnage célèbre qui va figurer dans cette histoire, doublement illustre par son père et par son mari, elle daigna enfin se rendre aux vœux d'un gentilhomme de Normandie, qui recueillit sa noble infortune et s'efforça de la lui faire oublier dans les chastes liens d'un tendre et nouvel hyménée.

Ces trois artistes eurent une épitaphe commune, où, faisant allusion à la mauvaise opinion qu'ils avaient du caractère des dames, on ne manqua point de dire que si la Mort les avait emportés si vite, et tous trois à la fois, c'était

> Pour venger son sexe mutin.

JODELET, GUILLOT-GORJU, FARCEURS.

Je ne parle ici de Jodelet qui passa aussi à l'hôtel de Bourgogne, que pour faire une remarque importante. Je n'ai pu affirmer que les premiers pèlerins qui reçurent le titre de Confrères de la Passion, eussent eu le parler nasillard. Il paraît qu'il ne doit y avoir là-dessus aucun doute, car de tous les grands talens que Jodelet déploya sur le théâtre, celui qui excite le plus l'admiration des historiens, c'est qu'il nasillait parfaitement. Plusieurs passages des pièces du temps honorèrent en lui ce don de la nature; l'un lui adressait ce vers à lui-même:

> Ton poil déjà grison et ta nazillardise;

L'autre faisait dire de lui:

> Mais quant à la parole, il a grand agrément,
> Et débite son fait fort nazillardement.

Le grand Corneille fit dire à sa louange :

> Ah ! c'est là que mes sens demeurent étonnés.
> Le ton de voix est rare, aussi bien que le nez.

Son épitaphe enfin consacra cet avantage, et jette un grand jour sur les faits antérieurs.

> Ici gît qui de Jodelet
> Joua cinquante ans le rolet,
> Et qui fut de même farine
> Que Gros-Guillaume et Jean Farine,
> Hormis qu'il parloit mieux du nez
> Que lesdits deux enfarinés....

J'ai pensé qu'on ne devait jamais négliger l'occasion de décider un grand point historique.

Guillot Gorju fut le successeur de Gaultier-Garguille. Que dirai-je de plus ?

JEAN FARINE, opérateur ; BRUSCAMBILLE, farceur.

L'Opérateur Jean Farine fut un de ces hommes bienfaisants et toujours mal appréciés d'une certaine classe du public, dont les longues veilles, consacrées au soulagement de l'humanité souffrante, finissent par produire un remède souverain pour guérir toutes sortes de maux. — Avez-vous, messieurs, mesdames, les vaisseaux mésaraïques variqueux, carcinomateux? le pancréas engorgé? Ressentez-vous de ces humeurs âcres, ou acrimonies, fluctuosités, qui agacent les bronches pulmonaires? Craignez-vous des obstructions au mésentère, au foie, à la rate, aux reins? Craignez-vous la phthisie, l'étisie, la frénésie, la parafrénésie, l'hydropisie, les pleurésies, les dyssenteries, les dislocations, les palpitations, les contusions? Voici, messieurs, mesdames, le véritable exhilarant; voici contre les coupures, voici contre les meurtrissures, voici contre les foulures; voici qui guérit la jaunisse, qui guérit les maux de dents, les tintemens d'oreilles, la contraction des nerfs; voici le véritable élixir apéritif, incrassant, cordial, stomachique, cosmétique, céphalique, diaphorétique, anti-septique; la véritable poudre becchique, anthelmintique; qui donne et entretient la santé, qui conserve la beauté, qui guérit la cécité, la surdité. Voici le remède universel!

C'est, je pense, à peu près ainsi que le docteur Jean Farine annonçait son spécifique divin. Je dis à peu près, car les Mémoires ne nous ont pas conservé ses propres paroles, et je crains bien que ma voix ne paraisse un peu profane. Mais ce qui nous est transmis avec précision, ce sont toutes ses cures merveilleuses. Le tombeau du bon Pâris opérait moins de miracles :

>L'aveugle y court, et d'un pas chancelant
>Aux Quinze-Vingts retourne en tâtonnant.
>Le boiteux vient, clopine sur la tombe,
>Crie *hosanna*, saute, gigotte et tombe.
>Le sourd approche, écoute et n'entend rien....

L'illustre Jean Farine était merveilleusement secondé par le célèbre BRUSCAMBILLE, autrement DESLAURIERS, farceur dont les Facéties ont souvent été réimprimées, et même *contrefaites, tronquées et mutilées*, dit-il dans une de ses préfaces. Voici les titres de ces divers ouvrages précieux : 1.° *Les Fantaisies de* BRUSCAMBILLE, *contenant plusieurs discours, paradoxes, harangues et prologues facétieux*, 1612 ; 2.° *les Plaisans Paradoxes de* BRUSCAMBILLE, *et autres dis-*

cours comiques ; le tout tiré de l'escarcelle de son imagination, 1612; 3.° *les Nouvelles et plaisantes Imaginations de* BRUSCAMBILLE, *ensuite de ses Fantaisies à Monseigneur le Prince, par le S. D. L. Champ.*, 1615; ce qui signifie, *par le sieur Deslauriers, Champenois :* honneur à la Champagne qui l'a vu naître ! « Dans tous ces ouvrages, disent les historiens du Théâtre Français, dont le témoignage n'est pas suspect, il y a de l'esprit, de l'imagination ». Je veux que le lecteur en juge, et je citerai seulement les sommaires de quelques-uns des paradoxes ou prologues que ce grand homme tira de son escarcelle. I.ᵉʳ *En faveur du Galimatias.* II. Paradoxe *qu'un pet est spirituel.* III. *En faveur du Crachat.* IV. *De l'utilité des cornes,* etc. Veut-on juger du style, de la finesse, des pensées ? » *Spectatores impatientissimi*, s'écriait-il, soyez patiens; *finis corona taupus*, la fin couronne *les taupes* ». Tout cela devait faire étonnamment rire. L'heureux siècle ! et avec cela jouir d'un remède universel !

MONDOR, opérateur; TABARIN, farceur,
et beau-père de GAULTIER-GARGUILLE.

Mondor rivalisa Jean Farine; c'est dire assez à sa louange. Pour Tabarin, je prétends le placer au-dessus de Bruscambille : on pense bien que Gaultier-Garguille ne pouvait s'allier qu'à un homme digne de n'être comparé qu'à lui-même.

Tabarin était l'associé de Mondor, et non son valet, comme d'ignorans chroniqueurs l'ont prétendu, et c'est sur le Pont-Neuf qu'on jouissait du bonheur de l'entendre. La plupart de ses Colloques et de ses Farces étaient improvisés : nouveau genre de mérite, et qu'aucun autre personnage contemporain ne lui a disputé. Tous ces impromptu ont été publiés sous le titre de *Recueil des Œuvres et Fantaisies de* Tabarin, *contenant ses Réponses et ses Questions*. Je parle de cet ouvrage d'après la sixième édition.

La Farce suivante semblera sans doute n'avoir été composée qu'avec la plus profonde réflexion.

Un vieillard amoureux, nommé Piphagne, charge Tabarin, son valet, du soin des apprêts de noces, et celui-ci court aussitôt faire les provisions. Pendant ce temps-là, dame Francisquine, épouse de Lucas, vieux débauché, gourmande son mari, et le fait si bien trembler sur les suites de sa mauvaise conduite, que Lucas, entendant en ce moment frapper à la porte, s'imagine qu'en effet les sergens viennent l'enlever, et ne sait plus où donner de la tête. Francisquine a pitié de sa frayeur, et le fait cacher dans un grand sac. Or, le bruit qu'on faisait à la porte était causé par Fristelin, autre valet, qui apporte à la femme de Lucas une déclaration d'amour de la part de son maître.

Francisquine, indignée de la hardiesse des vœux qu'on ose lui adresser, résout de s'en venger sur Fristelin, pour le punir de s'être chargé d'une démarche aussi injurieuse à son honneur. Elle a bientôt trouvé le moyen d'effrayer ce valet, qui, au premier bruit, se glisse dans ce même sac où Lucas s'est déjà blotti.

FRANCISQUINE.

« De les jeter tous les deux dans la rivière,

serait user d'une cruauté trop inhumaine. J'aime mieux les laisser quelque temps en cette posture, pour voir ce qui en arrivera.

TABARIN, *entrant.*

« Enfin, j'ai tant fait que nous ferons le banquet. Je n'eusse su au monde faire une meilleure rencontre. C'est maintenant la difficulté de dresser les préparatifs. Le sieur Piphagne s'est mis en frais à cause de ses noces. Il m'a donné vingt-cinq écus pour aller mettre ordre aux provisions de gueule. Il me faut premièrement avoir pour cinq écus de salade, pour cinq écus de sel, pour cinq écus de vinaigre, pour cinq écus de raves, et pour cinq écus de clous de girofles. Mais je n'ai ni pain, ni vin, ni viande...... Ma commère, je vous prie de m'enseigner le chemin de la boucherie ?

FRANCISQUINE.

« Si c'est pour acheter quelque viande, je vous en donnerai à bon marché.

TABARIN.

« Est-ce chair fraîche que vous avez ?

FRANCISQUINE.

« Ce sont deux pourceaux que voicy, qu'on

m'a amenés cejourd'huy, et je vous baille le tout pour vingt écus ».

Tabarin accepte le marché, et court avertir son maître, qui vient aussitôt examiner l'emplète.

PIPHAGNE, *découvrant le sac et voyant Lucas.*

« Oimé! quel miracolé! prodigio grande qui paroissé!

LUCAS.

« Au meurtre! on me veut égorger. Je suis Lucas, et non pas un pourceau.

TABARIN.

« Vade sac à noix; tête non pas de ma vie, voilà un pourceau qui parle.

FRISTELIN.

« Songez à moi, mes amis, je suis mort.

TABARIN.

« En voici encore un qui est dans ce sac!

FRANCISQUINE.

« Haye, haye! voilà pour me faire avorter.

TABARIN.

« Prodige, messieurs, prodige! Voilà les pourceaux qui sautent. Je n'en demeurerai pourtant point là, il faut que je vous étrille; vous êtes cause que je perds un bon souper ».

Et ils se battent tous : conclusion ordinaire de ces divertissemens. C'est là certainement un très-joli impromptu.

J'ai déjà observé plusieurs fois que notre langage s'était enrichi d'une infinité de locutions heureuses qu'il doit à mes Personnages. Je vais en donner un grand et dernier exemple, car je ne puis dissimuler à mon lecteur que nous aurons, avant peu, bien d'autres genres de mérite à admirer. Certes, tous les héros qui doivent désormais figurer dans cet ouvrage, seront encore essentiellement des *Farceurs*, mais la chose alors ira sans dire, et je ne m'amuserai plus à la faire remarquer. Employons donc les derniers momens consacrés exclusivement à la Farce, à considérer un de ses monumens les plus précieux.

Ce n'est rien moins qu'un comte, qu'un prince et un des plus beaux esprits de la cour de Louis XIII, qui a voulu réunir en une seule comédie toutes les saillies incomparables qui ont reçu le nom de Turlupinades, et qu'on aurait peut-être bien pu nommer aussi

Garguillades et *Tabarinades*. En voici quelques fragmens : le lecteur voudrait peut-être jouir de tout l'ouvrage ; il aura ce plaisir, en se procurant LA COMÉDIE DES PROVERBES, pièce comique d'Adrien de Montluc, prince de Chabanois, comte de Carmain ou de Cramail, petit-fils du fameux maréchal Blaise de Montluc.

Le bonhomme Thesaurus, arrivant de voyage, apprend l'enlèvement de sa fille Florinde.

THESAURUS.

«Hélas! mon voisin, j'ay perdu la plus belle rose de mon chapeau ; la fortune m'a bien tourné le dos, moy qui avais feu et lieu, pignon sur rue, et une fille belle comme le jour, que nous gardions à un homme qui ne se mouche pas du pied....

MACÉE, *sa femme, au voisin Bertrand.*

«Vous êtes aussi un vaillant champion, je ne m'en étonne pas : vous êtes un grand abatteur de quilles, c'est dommage que la caillette vous tient. Voilà ce que c'est que d'avoir de bons voisins, j'en sommes bien entournez ; ils font les bons valets quand on n'en a plus que faire. Mais à qui vendez-vous vos coquilles ? A ceux qui viennent de Saint-Michel.

BERTRAND.

« Voilà ce que c'est : faites du bien à un vilain, il vous crachera au poing ; peignez-le, il vous oindra ; graissez-lui ses bottes, il dira qu'on les brûle.

MACÉE.

« Vous en avez tout plein ; mais c'est comme les Suisses portent la hallebarde, par-dessus l'épaule. Au besoin, on connaît les amis : bien, c'est la devise de monseigneur de Guise, chacun à son tour.

THESAURUS.

« Ma femme, il fallait que vous fussiez bien endormie, pour ne point entendre le sabbat de ces maudites gens-là : il y a là du mic-mac, on avait mis sans doute de la poudre à grimper sous le nez, ou bien vous aviez du coton dans les oreilles ; mais patience passe science, il ne faut point tant chier des yeux.

MACÉE, *pleurant*.

« Marchand qui perd ne peut rire ; qui perd

son bien perd son sang; qui perd son bien et son sang perd doublement..... »

La belle, au moment du rapt, s'était écriée :

« Aux voleurs! à l'aide, secourez-moi, on m'enlève comme un corps saint.

BERTRAND, *voyant ce qui se passait.*

« Pour trop gratter, il en cuit aux ongles. Retirons-nous. Bonjour, bonsoir, l'on crie demain des cotterets à Paris ».

Florinde voyage donc avec son amant Lidias et deux valets, Alaigre et Philippin.

LIDIAS, *aux valets.*

« Sus, paix à la maison. Je n'aime point le bruit si je ne le fais; je veux que vous cessiez vos riottes, et que vous soyez comme les deux doigts de la main, que vous vous accordiez comme deux larrons en foire, et que vous soyez camarades comme cochons...... Revenons à notre première chanson : que disait-on de moy en mon absence ?

FLORINDE.

« Il est vray que votre absence faisait parler

de vous tout au travers des choux...... Bref, on ne songeait plus qu'à rire, et à me donner à ce grand franc taupin de capitaine, qui me suivait partout comme un barbet.

ALAIGRE.

« C'est un bon falot, le morceau lui passera bien loin des côtes.

FLORINDE.

« Pour moy, je ne sais comme mon père est si coëffé de cet avaleur de charrettes ferrées : quelques-uns disent qu'il est assez avenant ; mais pour moy, je le trouve plus sot qu'un panier percé, plus effronté qu'un page de cour, plus fantasque qu'une mule, méchant comme un âne rouge, au reste, plus poltron qu'une poule, et menteur comme un arracheur de dents.

LIDIAS.

« Vous dites là bien des vers à sa louange.

FLORINDE.

« Pour la mine, il l'a telle quelle, et surtout il est délicat et blond comme un pruneau relavé, et la bourse il ne l'a pas trop bien ferrée : de ce côté-là il est comme rebec, et plus plat qu'une punaise ».

On vient de voir tout le bon parti que le beau sexe peut tirer du langage combiné de mes héros. Alaigre dit alors aux violons : *Soufflez, ménétriers, l'épousée vient;* ce qui indique que l'acte est terminé, et que l'orchestre doit se faire entendre. Je finirai par un échantillon de la déclaration d'amour du capitan. Florinde, revenue déguisée en Bohémienne dans la maison paternelle, n'est pas du tout reconnue de ses parens; mais Fierabras lui trouve un air de ressemblance avec la belle qu'il devait épouser, et en devient subitement amoureux.

FIERABRAS.

« La belle fille, vous ressemblez toute crachée à une beauté qui m'a donné dans la vue.

FLORINDE.

« Monsieur, je n'eus jamais tache de beauté.

FIERABRAS.

« Vos mépris vous servent de louanges;

mais, mon petit cœur, une fille sans ami est un printemps sans roses.

FLORINDE.

« Votre cœur est dans le ventre d'un veau ; je suis une sainte qui ne vous guérira jamais de rien : adressez ailleurs vos offrandes.

FIERABRAS.

« Je te prie, baise-moy à la pincette.

FLORINDE.

« Voyez-vous ? Qu'il est gentil ! On ne baise plus en ce temps-cy. Je crois que vous êtes fils de boulanger, vous aimez la baisure....... Vous n'avez pas lavé votre bouche ; et puis, vous savez bien que baiser qui au cœur ne touche ne fait qu'affadir la bouche.

FIERABRAS.

« Eh quoi ! tu m'es gracieuse comme une poignée d'orties !.... »

Je m'arrête ici bien à regret, mais le lecteur a maintenant une idée complète de la comédie au temps des Farceurs. Quelques vers suffiront pour lui faire juger du style tragique à la hauteur duquel Gaultier-Garguille sut élever son talent dramatique. J'emprunte ma citation d'une des huit ou neuf cents pièces de théâtre du fécond Alexandre HARDY. Je choisis le moment décisif qui inspire la terreur. Un seigneur a surpris sa femme en adultère, et va la poignarder :

(*A part.*)

O cieux ! ô cieux ! la louve à son col se pendant,
Et de lascifs appas provoque l'impudent,
Luy chatouille le sein, lui baisote la bouche,
D'un clin de teste au lit l'appelle à l'escarmouche !...

(*Sortant sur eux.*)

Ma patience échappe, exécrable p....,
Tu mourras à ce coup, tu mourras de ma main.

Et il la poignarde.

Tels furent les grands talents qui précédèrent Molière et Corneille.

C'est ainsi qu'en partant je leur fais mes adieux.

NICOLAS FLAMEL, Ecrivain public, Libraire juré, Poète, Peintre, Mathématicien, Architecte, grand Alchimiste; et sa femme **PETRENELLE**.

Voici un Personnage qui nous reporte au quatorzième siècle, et pour lequel je serai obligé de pénétrer dans la nuit des temps : aussi ne m'en rapporterai-je qu'à des guides sûrs, et particulièrement au médecin Borel, dont les *Recherches* sont si précieuses, que lui-même il leur a donné le nom de *Trésor*.

Nicolas Flamel fut d'abord, et seulement, écrivain public. Il était né pauvre. « Il tenait, dit Sauval, pour quatre sols Parisis par an, une petite place à l'encontre Saint-Jacques la Boucherie ». Quatre sols par an, cela n'était pas cher. Son échoppe, ou plutôt son comptoir, se voyait près de l'ancien clocher de cette église, et était adossé à une chapelle dédiée à Saint-Clément. Or, sur le lieu même où l'on avait vu l'échoppe ou le comptoir, Nicolas Flamel fit, dans la suite, bâtir le petit portail de Saint-Jacques; et dans la chapelle contre laquelle le comptoir ou l'échoppe avait été adossé, il fonda des messes pour tous les mois de l'année. Flamel fit bien plus : il fit bâtir ou restaurer diverses églises, dota des hospices, éleva des monumens publics, et passa enfin pour être seigneur de sept paroisses aux environs de Paris, avec quinze cent mille écus de revenu.

De tous ces faits découlent deux conséquences. La première, c'est que Nicolas Flamel trouva le moyen de s'enrichir; la seconde, c'est qu'il fut pieux : points incontestables, et que je vais développer sans les désunir, tant il me semble qu'ils ne peuvent que gagner tous deux à marcher ensemble. Je dirai même plus : dans l'histoire de notre personnage, ils sont inséparables; l'un est la conséquence de l'autre. Je me garderai toutefois d'insinuer que si Flamel fut pieux, c'est parce que la fortune lui fut favorable; mais je puis affirmer que s'il devint extrêmement riche, c'est parce que sa piété fut extrême. Ceci commence à fixer l'attention. Faire fortune, parce qu'on fut très-pieux! Voyons, voyons, me disent mes lecteurs, prouvez-nous donc cela; en effet, dévotion et richesse ne messiéent pas : contez-nous donc comment l'une fut une conséquence de l'autre ». Me voilà donc bien invité à parler. Je savais d'avance que je n'aurais affaire qu'à des lecteurs extraordinairement dévots.

La profession d'écrivain public mérite d'être distinguée au quatorzième siècle. Elle dut être alors beaucoup plus lucrative qu'elle ne l'est de nos jours. Tout le monde sait qu'avant l'apparition de l'art typographique, l'empire des lettres et de la chicane était entièrement soumis à l'art de l'écriture. L'écrivain était un petit roi : tout dans son petit univers ne semblait se mouvoir que pour lui. Voyant les plaideurs s'élancer en disputant vers le Palais, le littérateur silencieux méditer sa prose ou ses vers, l'écrivain pouvait dire des uns : C'est pour moi qu'ils s'agitent; de l'autre, c'est pour moi qu'il approfondit....

<blockquote>C'est pour moi, pour moi seul que naquirent ces mondes.</blockquote>

Flamel d'ailleurs ne se bornait pas aux tributs nombreux que sa très-grande célébrité lui attirait dans son échoppe. Artiste public, il donnait des leçons particulières ; il était ce que l'on nomme aujourd'hui *professeur d'écriture*, et qu'en ces temps de simplicité on appelait tout bonnement *maître à écrire*. Il devint même libraire juré en l'Université de Paris, et sans quitter ni ses élèves, ni son échoppe. Mais tout cela ne suffit point au lecteur, qui attend quelque petit coup de théâtre portant le caractère du merveilleux. Passons donc par-dessus les professions savantes de mathématicien, d'architecte, et surtout de peintre et de poète, qui rarement, je crois, enseignèrent la route du temple de Plutus; et de toutes celles que j'ai citées, arrivons à la dernière, qui, d'un cri général, est reconnue pour toujours enfanter des prodiges. Je ne me réserve qu'une petite observation pour la fin de mon récit.

J'ai dit que Flamel fut alchimiste : or, il trouva la pierre philosophale. Il était né pour ce bonheur, un songe le lui fit pressentir. Une nuit, pendant son sommeil, un ange lui apparut, tenant un livre assez remarquable. « Ce livre, disent les Mémoires, était couvert de cuivre bien ouvragé; *les feuilles d'écorces déliées, gravées d'une très-grande industrie, et écrites avec une pointe de fer....* Une inscription en grosses lettres dorées contenait une dédicace *faite à la gent des Juifs*, par ABRAHAM LE JUIF, prince, prêtre, lévite, astrologue et philosophe ». Flamel ! dit l'habitant des cieux, vois ce livre auquel tu ne comprends rien : pour bien d'autres que toi, il resterait à jamais inintelligible ; mais tu y verras un jour ce que tout autre n'y pourrait voir. — A ce discours, Flamel tend les mains pour saisir ce présent précieux ; l'ange et le livre disparaissent alors, mais des flots d'or roulent sur leur trace, et Nicolas se réveille dans une extrême agitation.

Tous les auteurs ne parlent pas de ce songe, mais on reconnaîtra par la suite qu'il devait avoir eu lieu. Pendant long-temps notre adepte futur n'en fit confidence à personne, pas même à sa femme Petrenelle, qui, couchée alors près de lui, et réveillée en sursaut par ses soupirs et ses gesticulations à la vue du Pactole imaginaire, crut que son mari avait le cauchemar, ou qu'il lui prenait quelque accès de folie. C'est ici l'occasion de donner les premières notions sur sa femme Petrenelle. C'était une veuve en secondes noces, qu'il avait épousée parce qu'elle lui apportait un peu de comptant. Flamel, économe et laborieux, avait déjà fait fructifier ce modique avoir, au point de se bâtir une jolie maison, que l'on voit encore au coin occidental de la rue de Marivaux et de celle des Ecrivains. C'est aujourd'hui le n.º 16.

Le songe tarda tellement à s'accomplir que l'imagination de Flamel s'était beaucoup refroidie et qu'il ne pensait presque plus à l'apparition. Quelles furent, un jour, sa surprise et sa joie en reconnaissant dans un bouquin qu'il venait d'acheter sans y faire attention, ce même livre qu'il avait vu pendant son sommeil! C'étaient la même couverture *de cuivre ouvragé, les mêmes feuilles d'écorces déliées.* Il reconnut l'inscription en grosses lettres dorées et la dédicace *faite à la gent des Juifs*, également par ABRAHAM LE JUIF, prince, prêtre, lévite, etc. C'était exactement le livre inappréciable et surtout inintelligible. « Trois fois sept feuillets, ainsi nombrés non sans mystère, ajoutent les auteurs, composaient son tout parmi ces feuillets, plusieurs contenaient *de belles figures enlumi-*

nées. L'écriture était latine, belle, nette et colorée. Elle contenait des consolations et des avis aux juifs; elle renfermait aussi des instructions sur *la transmutation métallique en paroles communes*; mais il n'était point parlé du premier agent figuré dans les peintures. » J'extrais cette description du livre merveilleux, de l'*Histoire critique* de Nicolas Flamel; il faut bien se garder d'approuver le ton quelquefois ironique de l'auteur.

« Ayant chez moi ce beau livre, raconte Flamel lui-même, je ne faisais nuit et jour qu'y étudier.... ne sçachant point avec quelle matière il fallait commencer, ce qui me causait une grande tristesse; me tenais solitaire et ne faisais que soupirer à tout moment. Ma femme Petrenelle était tout étonnée de cela, me consolant et me demandant de tout son courage si elle pourrait me délivrer de fâcherie. Je l'aimais autant que moi-même. Je ne pus tenir ma langue que je ne lui disse tout. » Petrenelle fut surtout frappée des « belles couverture, gravures, images et pourtraicts. » Flamel ajoute : « elle en fut autant amoureuse que moi-même. »

Cependant il s'agissait de parvenir à en

tirer parti. « Je les montrai, continue-t-il, à Paris à plusieurs grands clercs.... La plupart d'iceux se mocquèrent de moi, et de la benite pierre... Enfin, ayant perdu espérance de jamais comprendre ces figures, je fis vœu à Dieu et à monsieur Saint-Jacques-de-Galice, pour demander l'interprétation d'icelles à quelque sacerdos juif. » C'était là certainement le plus sage parti à prendre; c'était au moins celui qui devait lui tout révéler. Le pèlerinage à Saint-Jacques eut lieu; le dévot Flamel en revint illuminé : tant il est vrai que même dans les sciences occultes et cabalistiques, on ne risque rien d'invoquer Dieu et les saints. Nous en verrons bien d'autres exemples avant peu ; en attendant, voici la prière qui valut à Flamel sa précieuse révélation. Je la donne ici en français pour ceux qui ne voudront que la connaître; mais c'est en latin, et telle que je la place en note, qu'il faut la prononcer, si le lecteur, comme je n'en doute pas, entreprend l'œuvre et fait le pèlerinage.

PRIÈRE*.

Dieu tout-puissant, éternel, père de la lumière, de qui viennent tous les biens et tous les dons parfaits : j'implore votre misé-

* ORATIO.

Omnipotens, æterne Deus, pater cœlestis luminis, à quo etiam omnia bona et perfecta dona proveniunt : rogamus infinitam tuam misericordiam, ut nos æternam tuam sapientiam, quæ continua circa tuum thronum est, et per quam omnia creata factaque sunt; atque etiamnum reguntur et conservantur, rectè agnoscere patiaris, mitte illam nobis de sancto tuo cœlo, et ex thronis tuæ gloriæ, ut unà nobiscum sit et simul laboret, quoniam magistra est omnium cœlestium occultarumque artium, etiam omnia scit et intelligit. Fac moderatè nos comitetur in omnibus nostris operibus, ut per illius spiritum verum intellectum, infallibilemque processum nobilissimæ hujus artis, hoc est sapientium miraculosum lapidem, quem mundo occultasti, et saltim electis tuis revelare soles, certo et sine ullo errore discamus, et ita summum opus quod hîc nobis peragendum est, primum recto et bene inchoemus, in eo ejusdemque labore constanter progrediamur, et tandem etiam beate absolvamus, illaque æternum cum gaudio fruamur. Per cœlestem illum et ab æterno fundatum angularem miraculosumque lapidem Jesum Christum, qui tecum, ô Deus Pater, unà cum Spiritu Sancto, verus Deus, in una indissolubili divina essentia, imperat et regnat, triunicus Deus summe laudatus in sempiterna sœcula. Amen.

(Ext. de l'*Hydrolitus Sophicus*, seu *Aquarium sapientum*. Bibliothèque Chimique de Manget, tome II, page 557.

ricorde infinie, laissez-moi connaître votre éternelle sagesse, elle qui environne votre trône, qui a tout créé et fait, qui conduit et conserve tout. Daignez me l'envoyer du ciel votre sanctuaire, et du trône de votre gloire, afin qu'elle soit et qu'elle travaille en moi ; car c'est elle qui est la maîtresse de tous les arts célestes et occultes, qui possède la science et l'intelligence de toutes choses. Faites qu'elle m'accompagne dans tous mes œuvres, que par son esprit, j'aie la véritable intelligence, que je procède infailliblement dans l'art noble auquel je me suis consacré, dans la recherche de la miraculeuse pierre des sages que vous avez cachée au monde, mais que vous avez coutume au moins de découvrir à vos élus ; que ce grand œuvre que j'ai à faire ici bas, je le commence, je le poursuive et je l'achève heureusement ; que content, j'en jouisse à toujours. Je vous le demande par J. C., la pierre céleste, angulaire, miraculeuse et fondée de toute éternité, qui commande et règne avec vous, etc. »

Flamel ne se vit pas plutôt en possession de la pierre philosophale, qu'il voulut que des monumens publics attestassent à la fois sa piété fervente et sa prospérité ; et devenu grand alchimiste, sans cesser d'être écrivain public et libraire, ce fut encore à son zèle religieux qu'il dut d'être en même tems poète, peintre, mathématicien et architecte. Il passe pour avoir lui-même tracé le plan des édifices, dessiné et mis en couleurs les diverses peintures, et composé toutes les inscriptions. Ses talens poétiques ne se bornent même point là ; on lui fait honneur d'un ouvrage rimé, intitulé *le Sommaire philosophique*, ou *le Roman chimique*, et d'une autre pièce de vers. J'ignore si Flamel signa ou non ses ouvrages, comme poète ; mais comme architecte ou fondateur, il fut certainement loin de vouloir garder l'anonyme. Indépendamment de son chiffre partout répété, ou des diverses inscriptions qui renfermaient son nom, tout ce qu'il fit bâtir ou restaurer offrit son image sculptée, accompagnée d'un écusson, où une main tenait son écritoire en forme d'armoiries. Désigner tous les monumens publics qui lui sont dus, ce n'est pas encore donner le nombre de ses statues : il en avait une à Sainte-Geneviève-des-Ardens, sous le portail qu'il avait fait construire ; deux à Saint-Jacques-la-Boucherie, une sur la petite porte de l'église, rue des Ecrivains, et une autre sur le pilier de sa maison; une aux Charniers des Innocens, dont il avait fait bâtir une des arcades du côté de la rue de la Lingerie; il en avait encore une à l'ancienne église de l'hôpital Saint-Gervais, petite chapelle qu'il avait fait élever rue de la Tixeranderie; et deux sur la façade d'une belle maison qu'il fit construire dans la rue de Montmorency.

Flamel était presque toujours représenté à genoux et les mains jointes. « On le voyait à Sainte-Geneviève-des-Ardens, dit l'auteur de l'Histoire critique, avec une robe longue, un manteau long et retroussé sur l'épaule droite, le chaperon à demi abattu autour du col, avec la cornette longue et pendante très-bas : avec cela une ceinture à laquelle est attachée l'écritoire, signe de la profession dont l'écrivain se faisoit honneur ». Petrenelle eut aussi ses statues. On la voyait avec son mari sur le fronton de l'arcade des Charniers. Elle était à genoux aux pieds de S. Pierre; de l'autre côté Flamel était à genoux aux pieds de S. Paul; et la Vierge était au milieu, tenant l'enfant Jésus. Au-dessous était une corniche chargée de tableaux de sculpture, représentant le Jugement dernier, où le mari et la femme figuraient encore. Ils se trouvaient en outre partout sur les vitraux des édifices ou sur les façades dans les diverses allégories représentées en peintures ou en ciselures. Des vers se voyaient au-dessous du chiffre de Nicolas Flamel, sur son arcade du Charnier des Innocens; et sans doute ils étaient de sa composition. Les voici tels qu'on a pu les déchiffrer en 1760 :

>Hélas! mourir convient
>Sans remède homme et femme,
>. . . . Nous en souvienne:
>Hélas! mourir convient,
>Le corps . . . .
>Demain peut-être dampnés
>A faute . . . . . .
>Mourir convient,
>Sans remède homme et femme.

Flamel fut enterré dans l'église Saint-Jacques-la-Boucherie. Il avait, de son vivant, payé les frais de sa sépulture, dont il avait désigné la place devant le crucifix et la Sainte Vierge, et où douze fois l'année, après les services fondés à son intention, tous les prêtres devaient aller, en surplis, lui jeter de l'eau bénite. Il avait aussi d'avance composé et figuré l'inscription qui devait être placée à l'un des piliers au-dessus de sa tombe, et qui fut exécutée selon sa volonté, ainsi qu'il suit :

Etait figuré en haut le Sauveur, tenant la boule du monde entre les deux apôtres S. Pierre et S. Paul, avec un soleil et une lune ; au bas était écrit : « Feu NICOLAS FLAMEL, jadis écrivain, a laissié par son testament, à l'œuvre de cette église certaines rentes et maisons qu'il a acquestées et achatées de son vivant, pour faire certain service divin, et distributions d'argent chacun an par aumône, touchant les Quinze-Vingts, Hôtel-Dieu, et autres églises et hôpitaux de Paris. *Soit prié pour les Trépassés* ».

Sur un rouleau étendu on lisait ces paroles : *Domine Deus, in tua misericordia speravi.* Au-dessous se voyait l'image d'un cadavre à demi-consommé, et ces vers :

De terre suis venu et en terre retourne :
L'ame rends à toi, J. H. V., qui les péchiés pardonne.

Petrenelle avait précédé de vingt ans son mari au tombeau. Elle s'était aussi occupée de ce qui suivrait ses derniers momens, et avait même réglé la dépense du luminaire à ses obsèques ; mais Petrenelle ne nous donne vraiment pas ici une haute idée de sa magnificence. Elle avait fixé le prix du dîner du jour de l'enterrement, auquel, selon la coutume, devaient être invités tous les parens et les voisins, à quatre livres seize sols parisis. La dépense totale devait se monter à 18 livres 10 deniers parisis, et le bout de l'an ne coûter que 8 liv. 17 sols.

Le grand œuvre dont Flamel avait eu le secret, donna à penser à plusieurs personnes, qui, après sa mort, s'imaginèrent que toutes ses peintures et sculptures allégoriques étaient autant de symboles cabalistiques, qui renfermaient un sens qu'on pourrait mettre à profit. Dans cette idée, elles ne virent plus partout qu'hiéroglyphes ; mais ce qui devint surtout l'objet de leur cupidité, ce fut la petite maison de la rue de Marivaux, que Flamel avait toujours habitée, et où devaient immanquablement se trouver des trésors enfouis. La chose était au moins fort probable ; toutes les dépenses du fondateur ne pouvaient avoir employé les sommes innombrables qu'il avait dû sans cesse produire en un clin d'œil, et ces personnes-là avaient sans doute lu Diodore de Sicile. Selon cet auteur, Symandius, roi d'Egypte, possesseur du grand secret, avait fait environner son monument d'un cercle d'or massif, dont la circonférence était de 365 coudées, et chaque coudée était un cube d'or. Sur un des côtés du péristyle d'un palais qui était proche du monument, on voyait Symandius offrir aux Dieux l'or et l'argent qu'il faisait tous les ans. La somme en était marquée, et elle montait à 131,200,000,000 mines. Un ancien ami de Flamel, qui savait à fond ses auteurs, imagina donc de déclarer, comme un cas de conscience, qu'il était dépositaire de certaines sommes qu'il devait employer à faire des réparations dans les maisons qui avaient appartenu au défunt, et s'offrit particulièrement de dépenser 3,000 liv. à restaurer la maison de la rue de Marivaux. On le prit au mot, car cette maison avait grand besoin d'être réparée. Notre homme fut au comble de ses vœux : il fit faire des fouilles, examina les hiéroglyphes, cassa les pierres, brisa les moellons ; mais l'histoire rapporte qu'il en fut pour ses peines et pour les réparations qu'il fit à ses frais ; peut-être n'avait-il pas connaissance de l'Oraison, ou ne l'avait-il pas récitée avec assez de ferveur.

Telle est la cause merveilleuse que le lecteur a voulu connaître, et que j'ai rapportée d'après le *Trésor des Recherches* du médecin Borel, appuyé de tous les alchimistes du monde ; mais je me suis réservé une légère observation à la fin de mon récit. Supposons que Flamel n'ait pas trouvé la pierre philosophale, les choses n'en iraient-elles pas tout aussi bien? Certes, je ne veux point supprimer mon article ; il est fait, il faut bien qu'il reste ; mais si le lecteur le veut, nous ferons un arrangement. Je confesse, pour mon compte, que le songe dont j'ai parlé est, pour m'exprimer comme l'illustre Bruscambille, tiré de l'escarcelle de mon imagination. Le docteur Borel pourrait bien nous avoir aussi donné quelque chose de son escarcelle ; laissons-lui le livre merveilleux, le pèlerinage et l'illumination, ou plutôt gardons-les pour l'article suivant. Que nous restera-t-il ? deux professions : celles de maître écrivain et de libraire-juré, professions honorables dans tous les tems, mais qui, jointes à beaucoup d'ordre, d'économie, d'intelligence, peut-être à beaucoup d'habileté dans le maniement des affaires, pouvaient, dans le quatorzième siècle, produire des miracles qu'elles ne produiraient point aujourd'hui. La piété de Nicolas Flamel nous paraîtra plus pure; ses monumens, ses dotations auront plus de prix à nos yeux, parce que ses dépenses seront le fruit de ses travaux et de ses épargnes. Peut-être conservera-t-il un peu d'ostentation, mais après tout, est-ce donc un crime d'aimer à se faire honneur de son bien?

La femme Petrenelle gagnerait aussi à cet arrangement. Nous avons soupçonné la bonne dame d'un peu de lésinerie pour n'avoir pas voulu qu'on dépensât plus de 18 liv. 10 den. parisis à ses obsèques. Connaissons-nous le temps où elle vécut? Les archives de St.-Jacques-la-Boucherie, en date de 1414, font mention d'un grand dîner que donnèrent les paroissiens à l'évêque de Paris, Gérard de Montaigu, qui était venu consacrer le maître autel, et ce repas somptueux, pour lequel ils se cotisèrent, coûta en tout 5 liv. 10 sols parisis; savoir, 40 sols pour un gros carreau ou fort brochet, 18 sols pour une alose, et 12 sols pour une quarte d'hypocras, liqueur faite avec du vin, du sucre et de la cannelle. Il y eut un autre dîner d'apparat qui coûta 16 sols. Ces archives fournissent bien d'autres renseignemens. L'organiste de la paroisse avait un traitement annuel de 6 livres. Le nommé Jehan Regnaud, manouvrier, toucha la somme de 19 sols 8 deniers pour 9 journées de sa peine à rechercher les vieux fondemens; Jehan François, la somme de 8 sols pour avoir refait un quartier du couvercle de la table qui couvrait l'autel de la chapelle de feu Nicolas Flamel, avoir peint les images, etc.; un assemblage de pièces de charpente pour former la place d'un escalier destiné à monter à un horloge, coûta 12 livres; des verroux, queues et paumelles destinés à fermer la barrière du cloître, coûtèrent 4 sols; une porte neuve garnie de ferrures, revint à 1 liv. 4 s. Le vin valait alors 6 et 8 deniers la pinte; un pain pour l'offrande, 8 deniers. S'étant trouvé à la mort de Flamel, une quantité considérable d'actes et de papiers que l'on voulut conserver soigneusement, on fit faire un coffre de noyer de six pieds de long, fermant à clef; ouvrage extraordinaire qui coûta

5 liv 10 sols. Le pavement de 20 toises et six pieds de la chaussée de la rue des Arcis revint à 6 liv. 12 sols. Flamel enfin fit élever un mur de clôture pour 8 sols. J'ai pensé que tous ces détails ne seraient pas sans quelques charmes pour le lecteur. On voit bien que 100 livres de ces temps-là pouvaient valoir un peu plus que 100 francs de nos jours. En vérité, la mémoire de la femme Petrenelle reste à l'abri de tout reproche. Son mari réclame la même justice; il se refuse absolument à passer pour s'être mêlé de sciences occultes, pour avoir mêlé le bon Dieu et les Saints avec les affaires du Diable, pour n'avoir eu qu'une dévotion intéressée et qui donne matière aux railleries. Au fait, nanti du bien de sa femme; fort célèbre, fort couru et mettant épargnes sur épargnes; fort adroit d'ailleurs, si l'on en juge par la donation que lui fit aussitôt une veuve qu'il prit pour servante à la mort de Petrenelle, et à laquelle il recommanda, par son testament, de ne se point remarier, ce qu'elle n'exécuta pourtant point; avec tant de moyens personnels, pourquoi n'aurait-il pu, sans des ressources secrètes, suffire à toutes ses bâtisses et à toutes ses

dotations? On pense que chacune de ses statues aura pû lui coûter 5 livres. Il paraît que les peintres n'étaient pas fort chers; on en peut dire autant des maçons et de tous ceux qui donnaient la main d'œuvre. Il n'acheta des terrains qu'en des quartiers alors déserts, et pour 6 livres 6 sols, un homme pouvait prétendre à être enterré dans une église, lui, sa femme et ses enfans. Tout bien calculé, posons que Nicolas Flamel n'avait pas trouvé la pierre philosophale. Mais, me dira-t-on, à quel titre l'aurez-vous placé au nombre de vos Personnages? La réflexion est fort juste; il figurait ici en tête de tous les Charlatans, et il ne doit pas jouir d'un honneur qui ne lui appartient pas; mais nous pouvons encore user ici d'un expédient : laissons Nicolas Flamel pour ce qu'il fut, et déférons le titre flatteur que nous lui voulions accorder, à son historien le docteur Borel.

Au surplus, je ne prétends pas priver le lecteur de l'admirable dénouement de la cause merveilleuse. D'après le *Trésor des Recherches*, Flamel et sa femme ne sont point morts, bien qu'on les ait cru décédés, le premier en 1417, et Petrenelle en 1397; il leur restait encore mille ans à vivre, de manière qu'aujourd'hui ce sont encore de tous jeunes époux à peine au tiers de leur carrière, qui ne se terminera que dans cinq ou six cents ans. Les adeptes ont le secret d'un *élixir parfait* qui guérit et réconforte le corps en le rajeunissant. J'ignore si ce ne serait pas le remède à tous maux de Jean-Farine, c'est au moins le véritable baume de Fier-à-Bras; sa découverte remonte à des temps reculés, car il est dit que Médée s'en servit pour rajeunir le père de son cher Jason. On pense bien que Flamel ne négligea pas d'en faire usage pour sa chère Petrenelle, et aussitôt redevenue allègre et bien portante, elle partit pour la Suisse où son bien aimé Nicolas ne manqua pas d'aller la rejoindre vingt ans après. Le voyageur Paul Lucas, écrivain très-véridique, affirme avoir parlé à un derviche ou moine turc, qui les avait rencontrés et vu s'embarquer pour les Indes. Ils ont certainement encore le temps de se promener. Quant à moi, je crois à propos de m'arrêter, si je n'eusse pas dû le faire plus tôt. Quelle que soit l'opinion qu'adopte le lecteur, ma tâche est remplie : s'ils sont bien morts, *requiescant;*

s'ils voyagent, leur célébrité nouvelle n'est pas encore parvenue jusque dans les rues de Paris.

CÉSAR, Empirique, Astrologue, Nécromancien, Chiromancien, Physicien, Devin, faiseur de Tours magiques, etc.

Le nommé CÉSAR fut extrêmement célèbre dans les rues de Paris au commencement du dix-septième siècle. Il prédisait à l'inspection des mains, il guérissait en prononçant des paroles et par des attouchemens. Avait-on mal aux dents, il ne fallait que se présenter : voyez, messieurs, mesdames! s'écriait-il; et il montrait la dent arrachée, sans que le malade lui-même se fût douté de l'extirpation; mais celui-ci devait croire et s'étonner, ou sinon la dent affectée se retrouvait aussitôt à sa place et lui faisait encore plus mal qu'auparavant. Là, ne se bornait pas la science de l'habile CÉSAR; il vendait aux amateurs de petits joncs d'or émaillés de noir et les vendait un peu cher, parce que ces talismans avaient des propriétés excessivement précieuses; mais on n'en pouvait juger qu'après les avoir éprouvés; il fallait donc croire encore et payer préalablement, sauf, si le petit jonc ne produisait rien, à le rapporter au vendeur qui toujours était disposé à rendre l'argent. Il escamotait aussi admirablement, savait émouvoir le cœur d'une belle en faveur d'un amant dédaigné, et entre autres choses encore, il faisait voir le Diable avec ses cornes. Quant à cette dernière merveille, il semble qu'il voulait punir les amateurs d'avoir cru, car ils revenaient toujours si bien tancés par les sujets de Belzebuth, que le Magicien lui-même était obligé de leur avouer qu'il est fort imprudent de vouloir connaître le roi des Enfers. Mais avant de faire cet aveu, il attendait que l'on eût par devers soi l'expérience : tant il savait bien que l'homme est un être incrédule qui ne peut jamais profiter de l'expérience d'autrui. C'était donc un philosophe, un vrai sage.

Le bruit courut, en 1611, que le magicien CÉSAR et un autre sorcier de ses amis avaient été étranglés par le Diable; on publia même en un petit livre imprimé les détails de cette aventure infernale. Cette nouvelle était évidemment apocryphe, et le lecteur, sans être encore initié dans les secrets des alchimistes et des devins, conviendra déjà, j'en suis sûr, que ces hommes extraordinaires n'ont sans doute jamais rien à redouter des Démons qu'ils font apparaître.

Ce qu'il y a de certain, c'est que César cessa tout-à-coup de se montrer; il n'était cependant point mort, et il n'avait même pas quitté Paris. Mais le croira-t-on? il était devenu invisible.

A ce mot le lecteur sourit. Aurait-il donc également douté, dans l'article précédent, de l'existence du livre merveilleux, de la pierre philosophale, de l'élixir parfait? de la possibilité de l'illumination? Si j'ai moi-même conclu que Nicolas Flamel était trop bonhomme pour avoir eu le don des sciences occultes, croit-il pour cela que ces dons ne soient qu'imaginaires, et que le docteur Borel, pour en avoir trop généreusement voulu gratifier notre écrivain, ait pris toutes ces choses sous son bonnet? C'est vraiment ici l'occasion d'illuminer le lecteur, de l'initier dans tous les mystères de la cabale et d'adjoindre à l'Empirique, Alchimiste et Négromancien César, une foule d'illustres personnages qui peut-être n'eussent point eu l'honneur de figurer dans cette histoire, mais qui une fois introduits, voudront certainement y rester pour leur propre compte. J'établis quatre paragraphes.

§. I.

Prescience, Divination.

Nous parlerons ici des Sibylles, du grand Nostradamus et du très-célèbre Mathieu Laensberg.

LES SIBYLLES.

Ce furent les Sorcières célèbres de l'antiquité. Les auteurs en comptent treize, savoir : 1.° *Sabetta*, autrement *Sibylla Persica* ou la Persique, qui prédit les expéditions d'Alexandre-le-Grand; 2.° *Sibylla Libyca* ou la Libyenne, dont Euripide fait mention; 3.° *Sibylla Delphica*, ou la Delphique, autrement Artémis. Celle-ci passe pour avoir été la sagesse même, et c'est la plus ancienne de toutes. 4.° *Sibylla Chymera*, ou *Chymica*; 5.° *Sibylla Samia*, ou de Samos; 6.° *Sibylla Cumana*, ou la Sibylle du Cumes. C'est la plus célèbre. Apollon en devint amoureux; elle ne consentit à le payer de retour qu'à la condition que le nombre de ses années égalerait celui des grains de sable qui tiendraient dans sa main. Apollon était grand Empirique et c'était le cas de tirer bon parti de son art. Il paya les faveurs de sa belle avec une recette pour la faire vivre quelques milliers d'années; la sorcière parvint à un tel point de décrépitude, qu'il ne lui resta, dit-on, plus que la voix pour prononcer ses prédictions; et puis, tout-à-l'heure, que l'on n'ait pas confiance aux secrets médico-chimiques! Mais je m'égare au milieu des Sibylles. 7.° *Sibylla Hellespontica*, ou l'Hellespontique; 8.° *Sibylla Phrygia*, ou la Phrygienne; 9.° *Sibylla Europœa*, ou l'Européenne. Grande faiseuse d'almanachs; 10.° *Sibylla Tiburtina*, ou la Tiburtine, autrement Albunée, la plus illustre, selon moi, puisque les Confrères de la Passion en parlent dans leurs Mystères. Elle vivait dans une grotte à Tibur, aujourd'hui Tivoli; 11.° *Sibylla Agrippa*; 12.° *Sibylla Erithrea*, ou Erythrée. Quelques auteurs veulent que celle-ci soit la plus ancienne : on s'accorde à la reconnaître pour la meilleure de toutes; 13.° enfin, *Nicaula*, reine de Saba. Quant à cette dernière, on lui conteste le titre de Sibylle. Il n'est pas donné à tout le monde d'aller à Corinthe.

Il s'agirait maintenant de révéler comment toutes ces femmes célèbres ont pu connaître l'avenir. Les uns prétendent qu'elles devaient cet avantage au Démon; les autres, qu'elles le devaient à une inspiration divine. Aristote qui se connaît en toutes choses, décide la question et dit qu'elles eurent cette science *per atram bilem*, c'est-à-dire par l'effet d'une noire mélancolie. D'après cela, les personnes mélancoliques seraient naturellement un peu sorcières. Ce n'est pas le premier avantage que l'on attribue à la mélancolie : tout le monde sait déjà qu'elle conduit à la perfectibilité.

Ce qui fit infiniment d'honneur aux Sibylles, ce fut leur attention constante à donner un double sens à leurs oracles, dans la crainte, sans doute, de désespérer les personnes auxquelles l'avenir n'était point favorable. Par exemple, lorsque Pyrrhus, roi d'Epire, voulut savoir si son expédition contre les Romains serait couronnée du succès, on lui répondit :

Aïo te Æacida Romanos vincere posse.

ce qui voulait dire également, qu'il pouvait vaincre les Romains, et que les Romains pouvaient le vaincre. Par ce moyen on l'avertissait, sans l'avertir. Ceci me rappelle le procédé extrêmement civil de ce paysan, qui voyant, pendant la nuit, que sa femme trèsmalade avait besoin d'être administrée, courut à la porte de son curé et y resta jusqu'au jour à heurter légèrement, dans la crainte de faire trop de bruit et de le réveiller.

MICHEL NOSTRADAMUS.

C'est à plus d'un titre que je fais trouver place à ce grand prophète dans l'histoire de mes Personnages célèbres. Il le mérite et j'ai des obligations à son frère l'historien; ce dernier motif eût suffi pour que Michel Nostradamus ne fût pas oublié : la reconnaissance est la mémoire du cœur.

Notre illustre Astrologue naquit, en 1503, à Saint-Remy en Provence. Sa famille était juive d'origine. Il s'en faisait honneur et prétendait même être de la tribu d'Issachar, parce qu'il est dit dans le supplément aux Livres des Rois, que de cette tribu devaient sortir des grands hommes profondément versés dans la connaissance des temps : *De filiis quoque Issachar viri eruditi qui noverant omnia tempora.* Aussi, quoiqu'admis par la Faculté de médecine de Montpellier au nombre de ses docteurs, s'occupa-t-il principalement de l'Astrologie, et de faire des prédictions qu'il eut le talent de présenter d'une manière si obscure, que tous ses contemporains en restèrent stupéfaits d'admiration. Elles sont renfermées en autant de quatrains rimés qui forment en tout dix centuries. Les dernières furent dédiées au roi Henri II, qui voulut absolument qu'un homme si habile à lire dans l'avenir tirât l'horoscope aux jeunes princes ses fils. Nostradamus alla donc exprès à Blois. L'histoire ne rapporte pas ce qu'il leur dit, mais il fut comblé d'honneurs et de biens. Catherine de Médicis l'avait beaucoup fêté; il fut visité par Emmanuel duc de Savoie et son épouse la princesse Marguerite ; et enfin Charles IX, en reconnaissance sans doute de toutes les choses heureuses qu'il avait dû lui prédire, lui fit donner deux cents écus d'or accompagnés d'un brevet de médecin ordinaire du roi, avec appointemens. Non seulement Nostradamus fut regardé comme un être plus qu'humain, mais sa plume fut traitée de divine. Ce grand homme eut cependant beaucoup d'ennemis qui ne voyaient en lui qu'un rêveur et un extravagant. Il est peu de personnes qui ne connaissent ce jeu de mots qu'un mauvais plaisant se permit sur le nom de notre prophète :

Nostradamus cùm falsa damus, nam fallere nostrûm est ;
Et cùm falsa damus, nil nisi Nostradamus.

Jodelle, auteur de ce distique, nous donnait sans doute aussi là des siennes. Ce qu'il y a de certain, c'est que les prédictions du grand Nostradamus sont encore la consolation de tous les amateurs du véritable almanach de Liége, almanach qui ne trompe jamais. Il est probable que ce personnage était fort mélancolique.

MATHIEU LAENSBERG.

Tout ce que je sais de Mathieu Laensberg, c'est que ce fut un très-grand astrologue philosophe mathématicien, que ses œuvres ont aussi l'avantage d'être imprimées à Liége en petit format, qu'elles sont précédées d'un très-joli portrait de l'auteur, tenant une sphère d'une main et de l'autre un compas, emblème de ses connaissances profondes ; qu'enfin elles sont ornées de différentes vignettes en bois tout aussi bien gravées, où l'on voit d'un côté les vents souffler avec force ; d'un autre, l'hiver assis devant un brasier ardent ; ici le lever et le coucher du soleil ; là une courbe tracée en plein soleil et à l'aide de laquelle on peut trouver toutes les heures du jour en mesurant l'ombre avec un bâton. Cet ouvrage précieux est trop connu, trop répandu, pour que j'aie besoin de démontrer son utilité et tout le mérite de l'auteur ; je ne parle ici de Mathieu Laensberg et de ses œuvres, que pour avoir occasion de dire tout le cas que j'en fais.

Ce profond mathématicien ne s'est pas borné à ses propres prédictions, il en a recueilli un grand nombre qui étaient enfouies dans le tombeau du grand Michel Nostradamus, trouvaille qui tient du prodige et peut vraiment se comparer aux essaims d'abeilles sortis du flanc des taureaux d'Aristée.

Je conclus de ce premier paragraphe, que César pouvait prédire d'une manière infaillible; mais pouvait-il offrir des talismans sûrs? avoir le secret de faire apparaître le Diable? Poursuivons.

―――

§. II.

Magie, Secrets Médico-Chimiques, connaissance parfaite de la Pierre Philosophale.

Ici vont figurer le Grand et le Petit Albert, Corneille Agrippa et Paracelse. Paracelse! au seul nom de ce Suisse vénérable, on se prosterne devant le patriarche des Empiriques, le véritable possesseur de la pierre philosophale et de la baguette divinatoire, le vrai Magicien, muni du secret de faire paraître les absens au fond d'un bocal, de forcer tous les événemens futurs à se tracer dans un verre d'eau et de prolonger la vie humaine à l'aide du fameux élixir, dont je pourrai enfin donner la recette, ainsi que de beaucoup d'autres secrets ou talismans non moins merveilleux. Disons pourtant un mot des prédécesseurs de cet illustre personnage.

LE GRAND et le PETIT ALBERT.

Si l'on en croit les historiens, on fait honneur au Grand-Albert de bien des découvertes qui ne lui sont point dues. Né en 1205, à Lawingen en Suabe et d'une famille distinguée, il fut d'abord provincial chez les Dominicains et devint évêque de Ratisbonne. Mais il quitta bientôt l'épiscopat pour rentrer dans la retraite et s'y livrer paisiblement à la méditation. Il composa tant d'ouvrages « qu'on aurait pu, disent les auteurs du *Dictionnaire historique*, brûler son corps avec ses seuls écrits. La plupart, ajoutent-ils, ne méritaient guère un autre sort. Il était recommandable, comme religieux et comme évêque, mais il ne l'est guère comme écrivain. » Ceci donne clairement à entendre qu'il n'est pas l'auteur de tous les secrets merveilleux qui ont été publiés sous son nom, car on n'eût certainement parlé de lui qu'avec admiration. Ses détracteurs conviennent pourtant qu'il fit une tête d'airain qui répondait sans hésiter, à toutes les questions, et qu'il lui arriva, pour mieux accueillir Guillaume, comte de Hollande et roi des Romains, de changer l'hiver en été. Ces deux prodiges suffiraient sans doute pour qu'on le supposât capable d'en opérer bien d'autres.

J'ignore si le PETIT ALBERT est un nouveau personnage, ou si l'on n'a pas simplement voulu désigner par ce titre un abrégé des volumineux ouvrages du fécond provincial des Dominicains. Si c'est un autre personnage, ce second Albert dut naître dans un siècle de géans, car on a dit du premier qu'il avait reçu le surnom de grand pour être né dans un siècle où les hommes étaient petits.

Entre autres points importans que décide le grand Albert, il indique *les signes de la conception*, les moyens *de connaître si une femme est enceinte d'un garçon ou d'une fille*. Selon lui, l'enfant mâle occupe dans le sein de sa mère, le côté droit, et celui qui n'est point mâle, occupe le côté gauche : de là des indices certains pour deviner le sexe du fœtus. Cette remarque n'est-elle pas une sorte d'introduction à la *Mégalanthropogénésie ?* Le génie de mes Personnages a recélé le germe de toutes les sciences.

Notre Dominicain n'est pas seulement anatomiste, il est aussi médecin et surtout grand physionomiste. Il enseigne à connaître *le naturel et les inclinations des personnes, par les diverses parties du corps.* Ceci est d'un intérêt trop général et annonce des recherches trop profondes, pour que je n'en recueille pas un petit échantillon. Tous ces détails ne sont pas d'ailleurs amenés ici sans motif. Or, méditez bien les observations suivantes :

CHEVEUX *plats, longs, de couleur blanche et blonde, fins et doux à manier*: homme naturellement timide, peu fort, pacifique, toujours bien venu et agréable partout où il se trouve. — *Cheveux gros, rudes et courts :* homme fort, intrépide, hardi, inquiet, superbe, le plus souvent fourbe et menteur, curieux de belles choses, plus simple que sage, quoique le bonheur l'accompagne toujours. — *Cheveux crépus* : homme de dure conception ou d'une grande simplicité, et qui a souvent les deux ensemble. — *Beaucoup de cheveux sur les tempes et sur le front* : homme simple, glorieux, sujet à luxure, se fiant facilement aux autres, crédule, ayant peu d'esprit, grossier dans ses discours et toujours de mauvaise humeur. — *Cheveux rudes, frisés et ressemblant à une perruque* : homme méchant. — *Cheveux qui frisent et qui s'élèvent tant soit peu sur le front, en sorte qu'il soit large et fort haut* : homme ni bon, ni méchant, mais fort propre pour la musique.

FRONT *élevé en rond* : homme libéral. — *Front charnu et osseux* : homme chicaneur, trompeur. — *Front fort petit de tous côtés* : homme de beaucoup d'esprit et de jugement. — *Front ridé, en ovale et partagé comme s'il y en avait deux* : homme encore de beaucoup d'esprit, mais à qui la fortune est contraire.

PAUPIÈRES *peu garnies* : homme agréable en compagnie. — *Paupières nullement pliées en bas* : homme ignorant, paresseux, soupçonneux, avare, envieux, sujet à tromper et facile à séduire.

SOURCILS *épais* : homme sage, discret,

riche en apparence. — *Sourcils longs* : Ami sincère, ami véritable.

YEUX GRANDS : homme qui ne sait pas garder un secret, un peu menteur. — *Yeux enfoncés dans la tête, mais vue étendue et longue :* homme qui a beaucoup de mémoire, mais envieux, soupçonneux, emporté. — *Yeux dont le blanc est marqué de taches de couleur citron :* homme sans parole, entêté et d'une violence démesurée. — *Yeux gros et semblables à ceux d'un bœuf* : homme simple, d'un jugement lent, d'un tempérament grossier, et qui s'accoutume à toutes sortes de nourritures.

Notre Dominicain passe également en revue les diverses conformations du nez, des narines, de la bouche, des lèvres, des dents, et de la langue; il parle de l'haleine, de la voix, du rire; examine le menton, la barbe, le visage, les oreilles, la tête, la bouche, le cou, les bras, les mains, l'estomac, le dos, le ventre, la chair, les côtes, les cuisses, les hanches, les genoux, les jambes, les chevilles des pieds, les pieds eux-mêmes, les ongles, les talons, la plante des pieds et enfin le marcher et le mouvement. Par exemple, l'homme *qui s'agite en parlant*, est assez serviable, et propre à tout, quoiqu'un peu avare et inconstant ; mais celui *qui se remue lorsqu'il boit* est décidément un homme faux, envieux, méchant et menteur. Après avoir établi des règles sûres pour que l'on use avec discernement des diverses indications qui parfois pourraient se contredire lorsque l'on réunit tout ce qui a rapport aux différentes parties du corps, il ajoute cette remarque qu'il intitule *savante* et *curieuse*, et qu'à ce titre je transcris ici, invitant le lecteur à la méditer profondément. « Si l'on voit, dit-il, un homme de couleur rougeâtre, fidèle, grand, sage, gras, simple, bon, beau, ni sot ni glorieux, pauvre, point envieux, blanc, qui soit bien sensé, qui parle bien, qui soit industrieux, point menteur, bien fait de corps, peu hardi, incrédule, et qui ne croie rien sans raison, qui ne prenne pas facilement peur, qui parle avec modestie, qui ne soit pas dissimulé, qui soit prudent, qui ne soit pas d'un tempérament chaud, ni velu aux cuisses ni au visage, qui ne soit point luxurieux, qui ne soit ni double, ni trompeur, ni vain, ni fourbe, qui soit habile dans son art, se servant honnêtement de ses richesses, sans faire tort aux pauvres, honnête dans sa pauvreté, simple, miséricordieux, sujet à des maladies, marchand sans mentir ni louer sa marchandise, méditant, de bonne réputation, voulant passer pour un homme de bien, et qui n'ait pas beaucoup d'ennemis!... il en faut rendre grâces à Dieu seul et à sa bienheureuse Mère, parce que cet homme ne peut être que l'ouvrage d'une puissance divine, et qui surpasse le cours ordinaire de la nature de ce monde passager et mortel. »

Je ne puis quitter le grand Albert, sans recueillir encore de lui quelque chose d'extrêmement important et qu'il ne donne lui-même que « pour ne rien oublier à la perfection de son livre. » C'est un *guide sûr dans toutes les actions de la vie;* pourquoi marcher à tâtons, quand on peut jouir de la lumière ? Apprenons donc à connaître *les Jours heureux et malheureux.*

Premier jour de la lune. Adam fut créé ce jour-là; ce même jour il fut placé dans le Paradis terrestre, et l'on sait qu'il ne sut pas s'y maintenir. — Mauvais jour pour ceux qui tomberont malades : ils ne mourront pourtant pas de cette fois, mais la maladie sera longue. — Les songes que l'on aura faits la nuit précédente, annonceront la joie, et l'enfant qui naîtra le jour même, vivra extrêmement long-temps.

Deuxième jour de la lune. La compagne de notre premier père, qui fut créée dans ce deuxième jour, a, par sa faiblesse, pensé nous le rendre très-funeste; cependant la seconde Eve ayant réparé les torts de la première, quiconque voyagera ce jour-là, sur terre ou sur mer, voyagera en sûreté et sera partout bien reçu. Ce deuxième jour est même devenu un des plus favorables pour diverses opérations importantes. Les époux qui n'ont point d'enfans et qui désirent en avoir, ne peuvent manquer alors de travailler heureusement à se donner une postérité. Les personnes qui ont une requête à présenter aux rois, aux princes ou aux grands seigneurs, ne doivent pas manquer de s'y prendre le deuxième jour de la lune. C'est encore le vrai moment pour bâtir, faire des jardins, des vergers et des parcs, pour labourer la terre et pour semer; mais il doit être fatal aux voleurs qui ne s'en méfieront pas. Quant aux maladies et aux songes, les unes seront fort courtes, les autres n'auront nul effet; et l'enfant qui naîtra ce jour-là, croîtra à vue d'œil.

Troisième jour de la lune. Jour de la naissance de Caïn, jour funeste. N'entreprenez rien ce jour-là, gardez-vous même de semer ou de planter. Je plains celui qui tombera malade; il pourra cependant encore s'en tirer à l'aide d'un bon régime; mais pour l'enfant qui naîtra, je doute qu'il puisse vivre. — Songes: sans effet, absolument inutiles.

Quatrième jour de la lune. Jour de la naissance d'Abel, jour heureux. Entreprenez, bâtissez, voyagez. Si vous avez perdu quelque chose, ne soyez nullement en peine, vous êtes sûr de le retrouver. Cependant les maladies seront fort dangereuses, et l'enfant qui naîtra sera immanquablement traître. — Les songes auront leur effet s'ils sont bons; s'ils sont mauvais, regardez-les comme non avenus.

Cinquième jour de la lune. Jour de la naissance de Lamech. Malheur à qui aura fait ce jour-là un mauvais coup! il croit en vain fuir et se cacher, le glaive de la justice est prêt à le frapper. Ce jour, à bien dire, est malheureux pour tout le monde, et je ne sais pourquoi; car, selon l'Ecriture, Lamech dit un jour à ses femmes : « *on tirera vengeance sept fois du meurtrier de Caïn, et soixante-dix fois du meurtrier de Lamech.*

Sixième jour de la lune. Naissance d'Ebron. Jour heureux, surtout pour les écoliers, qui en ce moment même feront dans les sciences beaucoup plus de progrès que de coutume.

Septième jour de la lune. Jour de l'assassinat d'Abel. Il ne peut être que funeste. Cependant c'est un très-bon moment pour se faire saigner; également, je pense, pour se faire appliquer les sang-sues. — Les songes auront leur effet.

Huitième jour de la lune. Couci, couci. Les enfans qui naîtront seront d'une mauvaise physionomie. Mathusalem est né ce jour-là et ne l'en a pas rendu plus heureux pour ceux qui tomberont malades.

Neuvième jour de la lune. Naissance de Nabuchodonosor, roi impie, mais puni de ses crimes. Ce jour ne sera ni heureux ni malheureux.

Dixième jour de la lune. Naissance de Noé. Jour très-heureux, mais les songes seront sans effet.

Onzième jour de la lune. Naissance de Samuel. Très-bon jour pour changer de pays, mais dangereux pour les femmes qui tomberont malades.

N'entreprenez, ne faites absolument rien le *douzième et le treizième jour de la lune.* Tâchez même de ne point tomber malade. Ces deux jours sont tout-à-fait sinistres, et les enfans qui naîtront seront boiteux.

Quatorzième jour de la lune. Jour qui compense les deux précédens. Extrêmement heureux, bon moment pour avoir une maladie : elle ne sera pas de longue durée ; les enfans qui naîtront seront en tout parfaits et accomplis. C'est le jour où Dieu bénit Noé et sa famille.

Quinzième jour de la lune. Il n'en faut parler ni en bien ni en mal. Les enfans qui naîtront aimeront beaucoup les femmes.

Seizième jour de la lune. Jour de la naissance de Job. Fort heureux pour les marchands de chevaux, de bœufs et de toutes sortes d'animaux, mais surtout pour les maquignons.

Dix-septième jour de la lune. Jour abominable, jour où Sodome et Gomorrhe furent brûlées en punition de leurs crimes. Tous les remèdes que les médecins administreraient ce jour-là, ne causeraient aucun soulagement. Les songes se réaliseront trois jours après.

Dix-huitième jour de la lune. Naissance d'Isaac. — *Dix-neuvième jour.* Naissance de Pharaon. — *Vingtième jour.* Naissance de Jonas. — *Vingt-unième jour.* Naissance de Saül. — *Vingt-deuxième jour.* Naissance de Jacob. — *Vingt-troisième jour.* Naissance de Benjamin. — *Vingt-quatrième jour.* Naissance de Japhet. Pendant tous ces jours-là, vivez sans trop d'inquiétude de ce qui peut arriver. Mais qu'il n'en soit pas ainsi pendant les suivants.

Vingt-cinquième jour de la lune. Jour où Dieu punit l'Egypte de ses crimes et de sa désobéissance, par la peste et plusieurs autres genres de mort. Jour malheureux. Les malades courront grand risque de n'en pas revenir.

Vingt-sixième jour de la lune. Jour où Moyse sépara les eaux du Jourdain et submergea l'armée de Pharaon. Jour plus malheureux encore ; plus d'espoir pour les malades. Les songes auront leur effet.

Vingt-septième et vingt-huitième jours de la lune. Couci, couci.

Vingt-neuvième jour de la lune. Jour du massacre des Innocens. Malheureux pour toutes sortes d'affaires. Les songes auront leur effet. Cependant les malades seront délivrés de leurs maux; j'ignore si cela ne veut point dire qu'ils mourront, mais certainement les enfans ne vivront guère ou seront très-mal accueillis dans les sociétés. *Le trentième et dernier jour de la lune* est infiniment heureux sous tous les rapports. Le grand Albert termine en souhaitant que ceux qui jouiront de ce fruit de ses recherches et méditations, en retirent du profit. Je termine aussi et c'est en formant le même vœu.

Je n'emprunterai qu'une recette à son diminutif. Le petit Albert me paraît plus sorcier que le Grand. Il fait *voir aux filles et aux veuves, durant la nuit, le mari qu'elles doivent épouser.* Il montre également *aux garçons et aux hommes veufs la femme à laquelle ils s'uniront.* Il enseigne *à se garantir du cocuage ;* il dit le *secret de faire danser une fille nue en chemise;* celui *d'être heureux dans les jeux d'adresse et de hasard,* etc. Tout cela est fort piquant; mais voici ce que je préfère : ce sont des *Talismans pour se rendre invisible.*

Il ne s'agit pour cela que d'avoir du bon mercure fixé et bien purifié. Faites-en une grosse bague qui puisse entrer facilement dans le doigt du milieu de la main ; enchâssez dans le chaton de cette bague une petite pierre que l'on trouve dans le nid de la huppe, et gravez autour, ces paroles : *Jésus passant par le milieu d'eux, s'en allait.* Portez alors votre bague dans le nid de la huppe, d'où vous avez tiré la pierre qui est dans le chaton et laissez-la neuf jours dans ce nid. Après ce temps allez reprendre votre bague, mettez-la à votre doigt et vous voilà invisible toutes les fois que vous tournez la pierre du côté des assistans.

On peut encore se fabriquer une bague avec quelques-uns des poils qui tiennent à la tête de l'hyène; et cet anneau, après avoir passé pareillement neuf jours dans le nid de la huppe, aura la même vertu que le précédent. Que si vous voulez vous mettre en garde contre quelqu'un qui possède cette dernière bague, faites-vous-en une de plomb, dans laquelle vous enchâsserez un œil de jeune belette, et gravez sur le chaton : *apparuit Dominus Simoni*. Muni de ce double talisman, vous aurez le plaisir de voir venir votre homme.

Le lecteur ne doute assurément plus que notre César n'ait pu se rendre invisible. Il avait probablement une bague de mercure ou de poils d'hyène. Il est cependant un autre moyen d'être sur-le-champ soustrait à tous les regards : c'est de se laisser surprendre par un de ces orages dont j'ai parlé à l'occasion des premiers de tous mes héros, orages auxquels j'ai dès-lors soupçonné la police d'avoir quelque part.

CORNEILLE-AGRIPPA.

C'est à Corneille-Agrippa qu'est dû le secret de la bague de poils d'hyène. Je n'ai pas voulu séparer les deux Albert, mais le second n'écrivit certainement que plusieurs siècles après le premier, et fut même postérieur à Cardan, autre écrivain fort célèbre dans l'astrologie judiciaire, né à Pavie, et qui se laissa mourir de faim à Rome en 1576, parce qu'il était parvenu à l'âge auquel son horoscope avait marqué qu'il cesserait de vivre. Ce Cardan fut encore un très-grand homme; il avait un Génie familier à ses ordres.

Corneille-Agrippa naquit à Cologne en 1486, d'une famille distinguée. Il servit d'abord dans les armées de Maximilien I; mais bientôt il se livra exclusivement aux sciences et surtout à la médecine. Ses premiers écrits lui suscitèrent des différends très-vifs avec les théologiens. Il ne voulait pas que Sainte Anne eût été mariée trois fois. Je sais bien que de nos jours ce n'est pas encore l'opinion prédominante; mais je pourrais alléguer une grande preuve en faveur de ces trois hymens; et même le lecteur pourrait maintenant la donner tout comme moi. Les Confrères de la Passion sont certainement des autorités qu'on ne peut récuser; on a vu, dans un de leurs Mystères, si en moins de douze ou quinze scènes, Anne n'épousa pas successivement Joachim, Cléophas et Salomé. Les théologiens de ce temps-là avaient donc raison. Aussi Corneille-Agrippa fut-il obligé de fuir. Il parcourut en mendiant, l'Allemagne, l'Angleterre et la Suisse, pauvreté apparente à laquelle il voulait bien se condamner, car il était déjà fort sorcier et avait aussi, dit-on, son diable à sa suite sous la figure d'un chien noir. Louise de Savoie, mère de François I, l'accueillit lorsqu'il passa à Lyon, et l'honora même du titre de son médecin; mais elle tarda peu à le chasser parce qu'il refusa de lui prédire les affaires de France, par le cours des astres. Ce refus était une malice de la part de notre personnage, car il s'était lui-même annoncé pour un homme à qui rien n'était caché dans l'avenir, et ce fut même peu de temps après qu'il publia son excellent traité *de la Philosophie occulte*, ouvrage qui le fit généralement reconnaître pour sorcier, et ne lui valut dans ce siècle ingrat et peu appréciateur du vrai mérite, que le faible avantage de vivre paisiblement pendant quelques années au fond d'un cachot. Corneille-Agrippa mourut à 49 ans, ou plutôt il lui convint de disparaître tout-à-coup d'un monde où tous ses talens ne trouvaient que des envieux et des ennemis. Sa mémoire est recommandable auprès des dames: il a publié un livre *de l'excellence des Femmes au-dessus des Hommes.* Ce fut un génie universel, témoins ces mots par lesquels on a voulu le peindre d'un trait : *Ipse philosophus, dœmon, heros, Deus et omnia.*

PARACELSE.

Aurèle-Philippe-Théophraste-Bombast Paracelse de Hohenheim, nacquit à Einsteld, bourg du canton de Zurich, en 1493. Son père était fils naturel d'un prince. Il reçut une éducation brillante et se livra à l'étude de la médecine. Après avoir quelque temps voyagé, il eut bientôt apprécié tous ses confrères et vint à Bâle ouvrir un cours où il n'expliqua que ses propres ouvrages. « Gravement assis dans sa chaire, rapportent les auteurs du *Dictionnaire historique*, à la première leçon il fit brûler les œuvres de Galien et d'Avicène. Sachez, disait-il, médecins, que mon bonnet est plus savant que vous, que ma barbe a plus d'expérience que vos académies; Grecs, Latins, Français, Italiens, je serai votre roi. » Et il le fut en effet. Il prouva que Dieu l'avait envoyé pour être le réformateur de la médecine, qu'il lui avait révélé le secret de faire de l'or et de conserver, par ses remèdes, la vie aux hommes pendant plusieurs siècles; il fit plus, il trouva le moyen de les rajeunir et de les rendre immortels : tous secrets infiniment précieux et dont je vais donner les différentes recettes, avec le préliminaire que lui-même crut indispensable pour aider l'intelligence de ses disciples.

Il faut savoir d'abord : qu'il y a, dans les quatre élémens, des créatures qui ne sont ni de purs animaux, ni des hommes, quoiqu'ils aient la figure et le raisonnement de ces derniers, sans en avoir l'âme raisonnable. Ces peuples ne sont point de la tige d'Adam ; cependant ils reconnaissent Dieu et l'adorent. Ils sont d'une nature spirituelle, non pas d'une spiritualité qui exclut toute matière, mais d'une spiritualité qui n'admet pour fondement substantiel, qu'une matière infiniment déliée, et autant imperceptible que l'air. Leurs qualités principales sont l'agilité et la pénétrabilité; en sorte qu'en un moment ces Génies peuvent venir de fort loin au secours des hommes qui ont besoin de leur ministère, pénétrer sans fraction les endroits où les hommes sont détenus, et les aider enfin dans toutes sortes d'entreprises. »

Voilà une révélation qui lève bien des difficultés : car jusqu'ici, ne songeant qu'au Paradis et à l'Enfer, le lecteur, à la moindre opération un peu surnaturelle, s'il ne croyait pas qu'elle vînt de Dieu, s'imaginait toujours qu'on avait eu affaire au Diable. Ceci n'empêchera pas que nous ne voyions aussi le Diable lui-même arriver ; le lecteur se désolerait d'être privé de cet espoir. Il ne sera pas trompé dans son attente, je le prie seulement d'avoir un peu de patience; j'avoue qu'il en faut avec moi : je ne suis pas en relation avec les Génies élémentaires.

Les plus grands philosophes, anciens et modernes, ont été favorisés par ces esprits invisibles dont ils ne nous ont pourtant point laissé ignorer les noms; tout le monde sait que l'élément du feu est habité par *les Salamandres;* l'élément de l'air, par *les Sylphes;* l'élément de l'eau, par *les Nymphes;* et l'élément de la terre, par *les Gnomes* ou *Pygmées;* mais ce que tout le monde ne savait peut-être pas, c'est que ces peuples sont commis par le Créateur à la garde des trésors souterrains, qu'ils s'occupent sans cesse de la recherche des minières les plus abondantes en métaux précieux, que ce sont en un mot les Génies conservateurs de toutes les sciences occultes. C'est d'eux que nous viennent tous les secrets réputés magiques; mais quelques cérémonies particulières sont indispensables pour se concilier leur bienveillance, et de là les paroles mystérieuses, les caractères hyéroglyphiques des sages cabalistes, qui toujours parviennent à se les rendre propices, ou au moins à les détourner de toute intention contraire, car il faut dire encore que ces créatures extraordinaires peuvent être très-nuisibles comme très-favorables aux hommes.

Ainsi donc, si le lecteur veut jouir de tous les secrets que je lui ai présentés et de tous ceux que je lui réserve encore; s'il veut être connaisseur en physiologie, s'il veut pouvoir discerner les jours heureux ou malheureux, s'il est jaloux de se rendre invisible, si même il se dispose à faire un pèlerinage à St.Jacques de Galice et à réciter l'oraison; qu'il se rappelle bien que les paroles et les divers procédés indiqués ne suffisent point, et qu'il faut avant tout se rendre favorables les Salamandres, les Sylphes, les Nymphes et les Gnomes ou Pygmées, personnages dont il avait entendu parler sans trop y faire attention, et dont, grâce à mes soins, il reconnaît maintenant la haute importance. Mes prétentions, dans tout cet ouvrage, ne furent jamais de rien révéler de nouveau, mais seulement de faire apprécier tout ce qui était connu.

Voulez-vous donc trouver la *pierre philosophale*, posséder le véritable *secret de faire de l'or*? Chose facile. Mettez dans une fiole de verre fort, au feu de sable, de l'élixir d'Aristée avec du baume de mercure et une pareille pesanteur du plus fin or de vie ou précipité d'or, et la calcination qui restera au fond de la fiole va se multiplier jusqu'à cent mille parties. Le procédé est immanquable. Mais, dira-t-on, comment se procurer de l'élixir d'Aristée et du baume de mercure? Implorez les créatures demi-spirituelles, habitantes du feu, de l'air, de l'eau et de la terre; elles vous feront rencontrer chez quelque bouquiniste le livre merveilleux qui échut à Nicolas Flamel; vous irez à St. Jacques, vous savez l'oraison et vous ferez tout à votre aise autant de lingots d'or qu'il y a de grains de sable dans la mer.

J'aurai ailleurs occasion de donner *le Secret* de la régénération *ou* perfection physique, *par laquelle on peut arriver à la spiritualité de 5557 ans.* Voici en attendant une Eau céleste qui n'est pas trop à dédaigner et dont beaucoup de personnes pourront peut-être se contenter.

Eau céleste qui conserve et prolonge la vie. Il faut ici, par exemple, un assez grand nombre de drogues. Réunissez les suivantes, dont aucune ne soit ni gâtée ni sophistiquée : — Cannelle fine, girofle, noix muscade, gingembre, zédouary, galenga, poivre blanc, de tout cela une once. — Six pelures de bon citron, deux poignées de raisins de Damas, autant de rhubarbe, une poignée de moëlle d'hieble, quatre poignées de graine de genièvre bien mûre, une poignée de semence de fenouil vert, autant de fleurs de basilic, autant de fleurs de millepertuis, autant de fleurs de romarin, autant de fleurs de marjolaine, de pouillos, de stecados, de francsureau, de roses muscades, de rhue, de scabieuse, de centaurée, de fumeterre et d'aigremoine. — Deux onces de spicanardi, autant de bois d'aloës, autant de graine de paradis, autant de calami aromatici, autant de bon macis, autant d'oliban, autant de sandal citrin, une dragme d'aloës épatique, ambre fin, et deux dragmes de rhubarbe.

Quand vous serez muni de tous ces ingrédiens, hâtez-vous de vous mettre à l'œuvre: ce spécifique est regardé comme *une médecine universelle;* c'est pourquoi on a cru devoir réunir une assez grande quantité de drogues dans sa composition. Sa vertu est souveraine, et son effet infiniment prompt. Un agonisant qui pourrait en avaler une seule goutte, non seulement recouvrerait aussitôt l'usage de la parole, et de la raison, s'il l'avait perdue, mais même toute son ancienne vigueur. L'Eau céleste, en prolongeant la vie, conserve la force, l'embonpoint et donne une apparence de jeunesse à l'âge le plus décrépit. Elle suffirait pour détruire tous les fléaux qui désolent l'humanité: la rage, le délire, le vertige, la colique, les ulcères, la pierre, l'insomnie, la mélancolie, la surdité, la cécité, la toux, l'asthme, l'hydropisie, l'étisie, toutes les sortes de fièvres, les langueurs, enfin la goutte, les catarrhes,

> Et la peste qui seule égale tous ces maux.

Hâtez-vous donc : pilez, pulvérisez, passez à l'alembic, distillez; il ne s'agit ici que d'amener l'Eau céleste à son point, et d'avoir bien su calculer les diverses influences des planètes; mais sur cela encore les Génies élémentaires vous instruiront pertinemment. Je vous vois en possession de ce précieux élixir.

Je pourrais joindre à cette eau merveilleuse le secret d'un Sirop d'une efficacité bien mieux prouvée peut-être encore. Lorsque Charles V envoya une armée navale en Barbarie, le général qui commandait cette expédition, passa par un village de la Calabre, où presque tous les paysans étaient âgés de 132 ans et tous aussi sains et dispos que s'ils n'en avaient eu que 50. L'usage du sirop en question avait produit ce phénomène. Mais à quoi bon nous occuper des moyens d'arriver à l'âge de 132 ans, lorsque bientôt nous aurons le secret de donner à notre existence une duréc de plus de 5o siècles ! Montrons de la modération au milieu des richesses. Quant à Paracelse, il en donna l'exemple : comme son confrère Agrippa, il mourut pauvre et fort jeune ; mais certainement c'est qu'il le voulut bien aussi.

§. III.

Éloquence, talent de l'Escamotage.

C'est le dieu MERCURE lui-même qui va figurer ici. J'ai donné suffisamment d'exemples de la véritable éloquence, je ne veux que la montrer dès son origine, unie au talent de l'escamotage : tant ces deux dons de la nature sont inséparables ! Si Mercure charmait ses auditeurs par la sublimité de ses discours, on sait aussi avec quelle dextérité il escamota les troupeaux, les armes et la lyre d'Apollon. C'est là sans doute un très-beau tour de gibecière.

Je serais tenté de croire que Mercure fut un peu sorcier, car on sait qu'il métamorphosa Baltus en pierre. Il me semble même que son caducée n'est pas sans quelque analogie avec la fameuse baguette divinatoire; cette verge puissante et d'une vertu si souvent éprouvée pour découvrir les sources, les métaux, la trace des voleurs; qui fut en effet nommée *caducée*, puis *verge divine, verge d'Aaron, bâton de Jacob, verge luisante, verge ardente, verge saillante, verge transcendante, verge tremblante, verge tombante, verge supérieure;* que les uns ont pensé être celle dont Moyse se servait pour faire sortir l'eau du rocher; que les autres ont comparée au sceptre d'Assuérus, sceptre dont Esther n'eut pas plutôt baisé l'extrémité, qu'elle obtint tout ce qu'elle demanda. Ceci pourrait nous mener loin; car, à s'en tenir seulement au caducée pour point de comparaison, personne n'ignore que Mercure reçut cette verge magique de son collègue Apollon, qui peut bien être regardé comme le Sorcier par excellence, puisqu'il rendit tant d'oracles et que les poètes qui l'implorent sont aussitôt remplis d'un esprit prophétique. Hâtons-nous de clore ce paragraphe : encore un peu tous les habitans de l'Olympe pourraient prétendre à l'honneur d'être assimilés aux Personnages dans les rues de Paris.

Eût-on jamais pensé que cette célébrité fût aussi remarquable, et surtout qu'elle embrassât des connaissances si vastes et si profondes. Ma digression savante n'est pourtant pas encore terminée. Je dis ma digression, car on se souvient sans doute que je ne fais ici que suppléer à la négligence des auteurs contemporains de notre personnage CÉSAR. J'ai en cela imité ce poète grec dont nous parle le bon La Fontaine, ce Simonides qui avait à faire l'éloge d'un athlète peu connu :

> Après en avoir dit ce qu'il en pouvait dire,
> Il se jette à côté, se met sur le propos
> De Castor et Pollux . . . .
>   Enfin l'éloge de ces Dieux
>   Faisait les deux tiers de l'ouvrage.

Ne sera-ce pas maintenant mettre le comble à l'admiration, que de montrer, à une époque encore très-voisine de nous, un véritable demi-dieu auquel tous les historiens accordent d'avoir à lui seul éclipsé les Mercure, les Paracelse, les Agrippa, les grands et les petits Albert, les Mathieu Laensberg, les Michel Nostradamus et les Sibylles; qui réunit tous les genres que nous avons examinés : prescience divination, magie, secrets, médico-chimiques, connaissance parfaite de la pierre philosophale, éloquence, talent de l'escamotage? Le nom seul de ce Personnage promet des merveilles, et il lui manque bien peu de chose pour pouvoir prétendre à la gloire de figurer ici en titre... Après tout, laissons-le jouir de cet avantage; ici l'exception confirme la règle.

§. IV et dernier.

Réunion de tous les genres.

CAGLIOSTRO.

Tout Paris a vu Cagliostro, comte et colonel au service de Prusse, distribuer publiquement son vin d'Egypte, ses poudres rafraîchissantes et sa pommade pour le teint. Ce grand Personnage n'allait pas précisément de rue en rue, mais tous les jours il se montrait sur la terrasse de sa maison du Marais, et c'est là que pérorant en plein air, et partant avec plus d'éloquence encore que sous les plus riches lambris, il révélait à la multitude attroupée, l'art de tirer l'horoscope, de deviner les bons numéros de la loterie par des calculs mathématiques, le secret inappréciable de prolonger ses jours et de se rajeunir, celui de connaître tout ce qui se passe en l'autre vie et de faire apparaître les ombres, et mille autres découvertes qui ne contribuent pas moins à la félicité du genre humain. Tous ces grands secrets, il les révélait aussi dans les salons; mais, sur sa terrasse, quelle supériorité de succès, grâce à l'essor vraiment libre qu'il pouvait alors donner à son génie! Paraissait-il, déjà la multitude, avant même qu'il eût commencé de parler, restait ébahie, émerveillée; au lieu que dans les salons, où son imagination se trouvait concentrée, sa harangue finissait, que de froids penseurs étaient encore dans le doute et accumulant objections sur objections. La différence est grande.

Ce fut même peu que sous les lambris il trouvât des incrédules; il se vit persécuté, banni de royaume en royaume, de pays en pays, fut pendu chez les uns, brûlé chez les autres, et non en effigie, ainsi que je vais le rapporter d'après les mémoires les plus authentiques; mais que pouvait la fureur aveugle des penseurs contre un homme qui possédait la recette de l'élixir parfait!

Les mémoires ne manquent pas sur ce Personnage extraordinaire. Voici les pièces justificatives d'après lesquelles je vais en parler : 1.° VIE de Joseph BALSAMO, *connu sous le nom de* comte CAGLIOSTRO, *extraite de la procédure instruite contre lui à Rome en 1790, traduite d'après l'original italien*, etc., in-8.° 1791. Je préviens que dans le récit, j'indiquerai souvent chaque pièce en relatant son format; 2.° MÉMOIRE *authentique pour servir à l'Histoire du* comte de CAGLIOSTRO, petit in-8.° 1786; 3.° deux in-12, le premier: RELATION *de quelques opérations prétendues magiques, ainsi que d'une transmutation simulée, faites à Varsovie par* CAGLIOSTRO, 1780; le second : LETTRE *d'un Garde du roi, pour servir de suite aux mémoires sur* CAGLIOSTRO, 1786; 4.° DEUX LETTRES, format in-4°, l'une de *Jérome* Turcoser, *chirurgien à Vienne en Autriche*; l'autre de *D. Inigo* Gavatchios, *familier du Saint-Office à Séville*, toutes deux adressées *au Rédacteur du Courrier de l'Europe.*

Tant de lumières réunies promettent au lecteur les notions les plus précises. Je dirai donc d'abord que le vrai nom de Cagliostro était ou Ticho ou Melisa, ou Quackdoctor, ou Belmonte, ou Acharat, ou Pellegrini, ou d'Anna, ou Balsamo, ou Fenix. Son pays natal était ou Palerme, ou Naples, ou Malte, ou quelque autre ville de l'ancien continent; je ne pense pas qu'il ait jamais eu rien de commun avec le nouveau. Ses parens étaient ou des Juifs fort riches ou des marchands pauvres et obscurs. Selon quelques-uns, il était fils d'un grand-maître de Malte et de la princesse de Trébisonde; selon d'autres enfin, c'était un rejeton de la seconde race de nos rois, et il descendait en droite ligne de Charles Martel. Quant à l'époque de sa naissance, les auteurs la placent communément vers le milieu du dix-huitième siècle; mais on sait de lui qu'il avait assisté aux noces de Cana et qu'il était par conséquent contemporain de Jésus-Christ auquel il prédit qu'il serait crucifié. « Il ne m'a point voulu croire, ajoutait-il, il a couru les bords de la mer, il a ramassé une bande de Lazarons, de Pêcheurs, et il a prêché; mal lui en est advenu. » Il est dit ailleurs, qu'il était né avant le déluge. Je dois ces renseignemens au second in-12, c'est-à-dire à *la lettre d'un Garde du roi*. Le petit in-8.ª nous apprend que Cagliostro se nomma Belmonte. C'est sous ce nom, y est-il dit, qu'il fut d'abord danseur à l'Opéra, où trouvant qu'il ne pouvait s'élever au-dessus de la médiocrité, il prit celui de Cagliostro, se dit colonel au service de Prusse, et après avoir opéré sous ce titre plusieurs prodiges qui pouvaient être vus de mauvais œil, il passa à Strasbourg où il s'arrogea le titre de docteur et prit le nouveau nom de Quackdoctor. Ce même auteur nous apprend que Cagliostro avait aussi été contemporain et ami intime de Pythagore. Ceci est fort probable.

Toutes ces données paraissent vagues, et l'on désire sur lui une notice historique qui au moins s'arrête à un point fixe. Notre première pièce justificative peut nous satisfaire à cet égard; analysons-la et nous arriverons ensuite à des détails bien plus concluans encore.

Le lecteur sait déjà qu'ici Cagliostro se

nommait Joseph Balsamo. Cet auteur le fait naître à Palerme, le 8 juin 1743, de Pierre Balsamo et de Félicie Braconieri, tous deux de médiocre extraction, et qui tâchèrent de l'initier dans la science de la religion et des lettres. « Cependant, dit-il, dès ses premières années, il se montra si éloigné de l'une et de l'autre, que plus d'une fois il s'enfuit du séminaire de Saint-Roch de Palerme, où on l'avait placé. A l'âge de treize ans, il fut confié au père général des *Benfratelli*, qui l'emmena avec lui dans le couvent de cet ordre à Cartagirone. Là, il endossa l'habit de novice, et ayant été remis à la garde de l'apothicaire, il put apprendre de cet homme (comme il le dit lui-même), les principes de la chimie et de la médecine. Cependant, il ne fit pas dans cet endroit un long séjour; car ayant donné encore de nouvelles marques de son caractère vicieux, les religieux furent souvent forcés de le corriger. On sait, entre autres choses, qu'étant chargé de lire à table, comme c'est l'usage dans toutes les communautés religieuses, il ne lisait pas ce qui était dans le livre, mais ce qui lui venait dans l'esprit; il a même avoué qu'en lisant le martyrologe, il substituait aux noms des saints ceux des plus fameuses courtisanes. Enfin, pour se soustraire aux mortifications et aux pénitences que lui attiraient ses fautes, il abandonna le couvent et revint à Palerme. »

Je ne suivrai pas notre historien pas à pas. Il paraît que le petit Balsamo, de retour à Palerme, s'y livra pendant quelque temps au dessin, à l'exercice des armes, et surtout fit ses premiers essais dans l'art de l'escamotage aux dépens d'un de ses oncles d'abord, ensuite d'un notaire, et ensuite d'un bon religieux. On prétend même qu'il fut arrêté et enfermé. Arraché à l'oppression, il se signala par de nouveaux succès aux dépens d'un orfèvre nommé Marano, qu'il attira dans la campagne au fond d'une grotte où, par diverses opérations magiques, il devait lui découvrir un immense trésor caché; il lui avait, dit-on, fait avancer pour les frais de l'expédition soixante onces d'or, et finit par l'abandonner à la fureur des diables qui le bâtonnèrent et le laissèrent pour mort. Le cas était pendable, car j'ai avancé que certainement ceux qui ont le pouvoir d'évoquer les démons ont aussi le pouvoir de les calmer. Notre petit Sorcier prit donc aussitôt la fuite, mais il ne faut pas que son espiéglerie envers Marano fasse douter de ses vrais talens en magie : ils étaient constatés, et l'auteur de sa vie en va donner la preuve par l'apparition d'une dame. « Se trouvant un jour en compagnie avec plusieurs de ses amis, ils témoignèrent quelqu'envie de savoir ce qu'elle faisait en ce moment; Balsamo s'offrit aussitôt à les contenter; il forma sur la terre un carré, passa les mains dessus, et l'on vit alors se tracer la figure de la dame, jouant au tressette avec trois de ses amis : on envoya aussitôt à son palais, et l'on trouva effectivement la dame dans la même attitude, la même occupation et avec les mêmes personnes que Balsamo l'avait fait voir. » Voilà un fait positif. Nous aurons, dans la suite, beaucoup d'autres exemples pareils, et jamais il ne se trouvait dans l'appartement ni glace suspecte, ni compère; rien en un mot qui fît soupçonner la moindre supercherie. Balsamo était donc déjà un grand homme. Je serais bien fâché qu'il ne fût jamais venu à Paris, et surtout qu'il n'eût point habité au Marais de maison à terrasse.

De Palerme il s'était rendu à Messine, où il a fait connaissance d'un certain Altotas, Grec ou Espagnol, parlant plusieurs langues, possédant plusieurs manuscrits arabes, et grand chimiste. Ils s'embarquent ensemble, voyagent dans l'Archipel, débarquent à Alexandrie d'Égypte où ils se distinguent par plusieurs opérations chimiques, qui leur valent beaucoup d'argent; de là ils passent à Rhodes; de Rhodes, ils veulent se rendre au grand Caire, mais ils sont portés par les vents contraires à l'île de Malte. Partout des succès éclatans. Ici Altotas meurt, et Balsamo, qui en hérite, se rend à Naples où, avec tout l'argent que son compagnon et lui avaient gagné, il se trouve en état de faire long-temps bonne figure.

Le Juif-Errant a peut-être moins voyagé que Balsamo. Il passait et repassait successivement dans tous les pays. De Naples il alla à Rome, de Rome à Venise, de Venise à Bergame, de Bergame il veut revenir à Rome. Mais déjà l'envie s'attachait à le persécuter; déjà on le bannissait sous divers prétextes, ici pour avoir soi-disant enlevé une femme; là pour avoir présenté des billets dont on s'était avisé de ne pas trouver les signatures bien reconnaissables; ailleurs enfin, pour différens tours de gibecière que l'on trouvait absolument trop merveilleux. Quoi qu'il en soit, Balsamo avait fait à Rome une fort bonne acquisition, celle d'une jeune et très-jolie personne, nommée Lorenza Féliciani, qui devint son épouse et consentit à contribuer à sa prospérité comme à partager toutes les vicissitudes dont la vie d'un si grand Personnage devait être traversée. Si l'on en croit les Mémoires, sa beauté fut un fonds inappréciable que souvent elle fit valoir à un très-gros intérêt; mais les Mémoires ajoutent aussi en faveur de son désintéressement, que ce ne fut jamais que pour remplir le premier des devoirs conjugaux, qui prescrit à la femme d'obéir à son mari.

Au surplus, cette réflexion pourrait être encore une insinuation des envieux : nos deux époux commencèrent par entreprendre un pèlerinage à St. Jacques de Galice, et l'on sait que ce pieux voyage conduit naturellement à la fortune. Vêtus l'un et l'autre en pèlerins, ils traversèrent les états de Sardaigne, de Gênes et vinrent à Antibes, ayant partout vécu de leur quête. Arrivés à Barcelone, ils y firent une pause de six mois. Au bout de quelque temps, assure l'historien, l'argent leur manquant pour vivre, Balsamo engagea sa femme à aller se confesser dans une église voisine de **leur** auberge, qui appartenait à des religieux; à faire croire au confesseur qu'ils étaient **tous** deux d'une illustre maison romaine, qu'ils avaient contracté un mariage clandestin, et que les remises d'argent qu'ils attendaient étant retardées, ils se trouvaient un peu gênés. Lorenza suivit cette instruction: le confesseur la crut, lui donna de l'argent, mais en petite quantité; il lui envoya le lendemain un jambon en présent; et étant allé ensuite les visiter, il salua les époux en leur donnant le titre d'Excellences.

Ce stratagême fort innocent fut suivi de quelques contrariétés, parce qu'un curé s'avisa de demander à nos voyageurs leur contrat de mariage qu'ils n'avaient point avec eux; mais tout s'arrangea parfaitement avec l'aide d'un grand seigneur qui se chargea de faire venir de Rome le contrat, et défraya les deux époux de leur long séjour à Barcelone. Balsamo et sa femme eurent un pareil succès à Madrid et à Lisbonne et prirent enfin le parti de passer à Londres.

Une preuve que l'auteur des Mémoires pourrait bien avoir eu tort en insinuant que Balsamo tenait peu à ses droits exclusifs de mari, pourvu qu'il mît à profit la beauté de sa femme, c'est le piége auquel fut pris un Quaker qui s'était avisé de devenir amoureux de Lorenza. Il ne faut, selon les lois anglaises, à un mari qui surprend sa femme en adultère, qu'un témoin pour poursuivre l'amant devant les tribunaux, ou le forcer à s'arranger pour telle somme d'argent qui suffit pour calmer l'époux. Lorenza, persécutée par le Quaker, lui donna enfin un rendez-vous. Celui-ci ne manqua pas de s'y rendre; dans ce tête à tête, le dialogue devint si vif, « que le Quaker en nage, spécifie-t-on, ôta son chapeau, sa perruque et son habit... » Mais voilà que tout-à-coup, à certain signal convenu, le mari se montre accompagné d'un témoin, et c'est par grâce que notre galant en est quitte pour cent livres sterlings, sans avoir même obtenu les plaisirs qu'il se promettait.

Si tous les hommes étaient épris de la belle

Lorenza, la vue de Balsamo faisait tourner la tête à presque toutes les dames. L'auteur qui a écrit sa vie ne nous le peint pourtant pas d'une manière très-favorable : « d'une taille plutôt petite que grande, dit-il, brun de peau, très-épais, le regard dur, parlant un dialecte sicilien mêlé de quelques phrases ultramontaines qui lui formait un langage presque hébraïque, ne possédant aucune des grâces qui sont ordinaires dans le monde galant... » Qu'avait-il donc pour séduire ? ajoutent les historiens. Sur ce point-là, je le demande, un homme peut-il en juger un autre ?

Nos époux ne firent pas très-bien leurs affaires à Londres, ils passèrent en France et parurent pour la première fois à Paris, où Balsamo entreprit de rajeunir deux riches vieillards et n'eut pas le bonheur de réussir; j'ai averti que les Génies élémentaires étaient fort capricieux. Comme notre chimiste avait été payé d'avance, son mauvais succès l'affecta si vivement qu'il partit aussitôt pour Bruxelles. De là il traversa l'Allemagne, l'Italie et se rendit encore à Palerme. J'ai oublié de dire qu'à Paris sa femme avait voulu le quitter, et s'était même enfui de la demeure du héros; mais celui-ci avait eu recours à l'autorité du roi, et Lorenza forcée de rentrer avec son mari, avait même été condamnée à faire auparavant un mois de pénitence à Sainte-Pélagie. Balsamo pensa faire à son tour une pénitence bien plus longue à Palerme; car il rencontra l'orfévre Marano qui voulait absolument le faire pendre, ou qu'il fût au moins envoyé pour quelques années aux galères. Heureusement Balsamo avait sa femme avec lui; c'était son plus sûr talisman. Un grand seigneur se chargea encore de cette affaire, dont toutes les suites se bornèrent à un exil. Balsamo passa de nouveau à Malte où il vendit sa pommade et son eau pour le teint. De Malte il revint à Naples et de là vint faire sa seconde apparition en France où il travailla sérieusement au grand œuvre de la pierre philosophale, aux calculs astronomiques qui donnent la connaissance des bons numéros à la loterie, et font découvrir les inclinations amoureuses. Le moment de sa plus grande célébrité n'était pourtant pas encore arrivé. On retourna en Espagne, d'où on passa encore à Londres. C'est à l'époque de ce nouveau séjour en Angleterre que Balsamo révéla aux mortels qu'il était né avant le déluge et qu'il avait assisté aux noces de Cana. Il parut tour à tour sous les noms de marquis Pellegrini, de marquis d'Anna, de marquis Balsamo, de comte Fénix et s'arrêta enfin à celui de comte Cagliostro, colonel au service de Prusse. Ici commence vraiment l'homme extraordinaire. Tous ses discours roulaient sur les voyages qu'il avait faits à la Mecque, en Egypte et en d'autres parties du monde éloignées; sur la science qu'il avait acquises des Pyramides, sur les mystères de la nature qu'il avait pénétrés. Souvent il gardait un mystérieux silence; lorsqu'on lui demandait son nom ou sa condition, il prenait le parti de répondre : *Je suis celui qui est;* et lorsqu'on lui faisait des instances et des prières réitérées, il avait tout au plus la condescendance de tracer son chiffre, figuré par un serpent qui a une pomme dans la bouche, et est percé d'une flèche.

Cette manière mystérieuse de se désigner lui valut un jour une bague de diamans de la part d'un cavalier qui le prit pour le maître invisible de la maçonnerie, c'est-à-dire, d'après l'historien, celui que les maçons croient être le possesseur du grand secret de la cabale divine. Il s'agit ici d'un nouveau genre de maçonnerie que lui-même il imagina, invention que je ferai bientôt connaître.

L'auteur de sa Vie, qui le jugeait parfois très-rigoureusement, ainsi que je l'ai remarqué, avoue cependant que Cagliostro (c'est ainsi que nous nommerons désormais notre Personnage), fit à Londres plusieurs cures merveilleuses; mais il veut que ce soit par hasard, et il ajoute : « Dans la vérité, toutes ses connaissances ne passaient pas celles qui sont communes à tout Charlatan et Saltimbanque. » C'est déjà lui en supposer de très-grandes. Il l'accuse ailleurs d'avoir appliqué un emplâtre qui pensa produire la gangrène. Ailleurs, il assure que ses poudres rafraîchissantes étaient composées de chicorée, de laitue et autres herbes semblables, et qu'il vendait fort cher ce qui lui revenait à très-peu de chose. Il convient pourtant encore qu'il traitait gratuitement les pauvres et leur faisait même des aumônes; mais ce n'était, dit-il, qu'une feinte générosité pour se rendre célèbre et attirer dans le piége les plus riches personnages sur lesquels il se dédommageait bien. Voilà un historien qui décidément a pris son héros en grippe. Peut-être avait-il voulu se faire rajeunir ou être initié dans le grand secret de la pierre philosophale, et Cagliostro aura encore eu le malheur de manquer son coup.

Notre Personnage tarda peu à être regardé comme *une image de la divinité :* bientôt on vit son portrait et celui de sa femme sur les éventails, sur les bagues, sur les tabatières, sur les médaillons ; son buste, taillé en marbre, coulé en bronze, porta pour inscription ces mots en lettres d'or : LE DIVIN CAGLIOSTRO ; et son image, représentée par le burin, fut accompagnée de cet hommage poétique :

> De l'ami des humains reconnaissez les traits.
> Tous ses jours sont marqués par de nouveaux bienfaits:
> Il prolonge la vie, il secourt l'indigence ;
> Le plaisir d'être utile est seul sa récompense.

Parler de ces jours de triomphe, c'est faire entendre que je suis arrivé à son troisième séjour en France. Il ne revint pourtant pas encore directement de Londres à Paris : il passa d'abord à La Haye, où ayant reçu quatre à cinq cents écus d'un Hollandais auquel il avait promis les numéros qui devaient sortir à la loterie, il fut encore assez malheureux pour s'être trompé. De La Haye il se rendit en Italie, parut à Venise, où, pour mille sequins, il enseigna à faire de l'or, à changer le chanvre en soie, et à fixer le mercure. De Venise il retourna en Allemagne, s'arrêta surtout en Courlande, où il excita, dit-on, un tel enthousiasme, que les Courlandois « lui proposèrent le trône, lui offrant d'en chasser le possesseur. » C'était savoir apprécier le mérite, et montrer un véritable désir de le récompenser. Cependant le comte Cagliostro sut résister à la tentation d'être duc de Courlande, et comblé de présens précieux, il se contenta de passer à St.-Pétersbourg, d'où il se rendit à Varsovie; de Varsovie il vint à Francfort, puis à Strasbourg, où, par parenthèse, il guérit tant d'estropiés, que sa maison se trouva pleine des béquilles qu'ils y avaient laissées. De Strasbourg il retourna encore en Italie et se rendit à Naples. C'est de là, enfin, qu'il revint pour la troisième fois en France, d'après les vives sollicitations d'un ministre, disent les uns, et selon les autres, parce qu'il était persécuté par les médecins. Le voilà donc à Paris, et touchant à son plus haut période de gloire. C'est dans cette ville que nous nous arrêterons; d'autant plus que lorsqu'il la quittera de nouveau, il ne parcourra plus que très-peu de pays, en comparaison de tout le chemin qu'il a déjà fait : frappé par le vent de l'adversité, et soustrait à une procédure fameuse dans laquelle il fut reconnu innocent, il ne fera plus que revoir Londres, passer successivement à Bâle, à Bienne, à Aix en Savoie, à Turin, à Roveredo, à Trente, à Vicence, et retourner enfin, et pour la dernière fois, à Rome, où tout le monde sait qu'il devint invisible.

Suivons-le donc, maintenant, dans sa plus grande célébrité, dans ces jours où, digne émule de mes héros les plus célèbres, il s'efforçait de déployer librement, comme eux,

l'immortelle pensée,
Reine de tous les lieux et de tous les instans.

Ce fut alors qu'il jeta les fondemens d'une maçonnerie bien différente de celle qui existait alors, et qui de nos jours est encore en pleine vigueur. L'antique association dont lui-même était membre, lui parut obéir à des lois trop simples, tenir à des principes trop communs, avoir un but trop bourgeois : elle resta sous le nom de *maçonnerie ordinaire*. Il voulut en créer une dont tous les usages tinssent du merveilleux, où l'on vît des spectres et des diables, où l'esprit des adeptes fût sans cesse magiquement entraîné loin de cette misérable planète que nous habitons, et celle-ci fut la *maçonnerie égyptienne*. Le lecteur qui ne connaît que fort vaguement encore l'origine de notre Personnage, sera bien aise de savoir ce qu'il pensait franchement de lui-même. Voici ce qu'il déclara aux premiers apôtres de sa nouvelle doctrine. On va voir que cet Altotas, Grec ou Espagnol, dont j'ai parlé, n'était rien moins que Mentor accompagnant un autre Télémaque. Notre héros disait ne connaître ni ses parens ni sa patrie, mais qu'il se croyait d'une très-haute naissance, et présumait avoir reçu le jour à Naples. Il raconta « que, dans l'âge où il pouvait commencer à connaître son existence, il était dans la ville de Médine, qu'il s'y nommait Acharat, et qu'il logeait près du muphti Salaahym. Il était servi par trois eunuques ; il était traité par le muphti avec la plus grande considération. Altotas était son maître, ou plutôt il était tout pour lui. Ce sage l'éleva dans la religion chrétienne, et lui dit que ses parens étaient nobles et chrétiens. Il lui enseigna la botanique et la médecine ; il l'instruisit dans la plus grande partie des langues orientales et dans la connaissance des pyramides d'Egypte, qui sont le dépôt des connaissances humaines les plus précieuses. Il partit à l'âge de douze ans, pleuré par le muphti. Altotas le conduisit. Il se rendit à la Mecque avec une caravane et fut logé près du schérif. La rencontre de ce prince avec le petit Acharat, est un coup de théâtre. Les larmes, les caresses, les mouvemens du sang, les émotions les plus tendres, furent les indices du grand mystère de sa naissance illustre... Il resta trois ans entre les bras du schérif, et partit avec Altotas pour l'Egypte. Il n'y a rien de si touchant que les adieux du schérif. Il l'embrassa, il versa des larmes. *Adieu, fils infortuné de la nature*, furent les dernières paroles que ce prince lui adressa. Acharat apprit en Égypte de grands mystères, et les ministres des temples ne lui cachèrent rien de leurs secrets. Ensuite, pendant trois ans, il parcourut les principaux empires de l'Afrique et de l'Asie. De Rhodes, il passa à Malte, où, dispensé du régime rigoureux de la quarantaine, il fut reçu dans le palais du grand-maître Pinto, et confié à un chevalier d'Aquino, de l'illustre maison de Caramanica : alors Altotas, dépouillant ses habits musulmans, se montra ce qu'il était, catholique, prêtre et chevalier de Malte, et dans le même temps le jeune Acharat fut déclaré comte de Cagliostro. Il se fit un grand nombre d'amis et eut l'honneur de dîner plusieurs fois avec les personnages les plus illustres. Enfin, mourut Altotas, laissant à son élève les plus utiles souvenirs. Comme l'eunuque noir qui avait toujours veillé à la garde du petit Acharat, lui avait répété plusieurs fois qu'il se gardât d'aller à Trébisonde, de même le grand-maître Pinto lui parla souvent de cette ville et du schérif de la Mecque. Enfin, Cagliostro passa en Sicile et à Naples avec un chevalier, et là, ayant quitté son compagnon, il se porta à Rome »

Toutes les notions que j'avais d'abord présentées confusément, sont maintenant éclaircies. Il me reste à faire connaître ses opérations cabalistiques et à révéler quelques-unes de ses découvertes médico-chimiques. Ceci est son triomphe ; mais il avait été précédé à Paris ; il est parmi ses contemporains, des noms fameux que l'on s'étonnerait de ne pas voir unis au sien. Je vais donc, avant tout, parler de Mesmer et du chevalier Digby : je ne veux pas être taxé d'injustice.

LE CHEVALIER DIGBY.

Celui-ci fut traité par ses ennemis de fou et d'imposteur ; ses ennemis eurent tort : il fit beaucoup de bruit, gagna beaucoup d'argent à Paris, il n'était donc pas fou ; il avait le secret d'une poudre sympathique, guérissait les malades sans les voir, et donnait la fièvre aux arbres : pouvait-il y avoir là de l'imposture ? Une scène de la comédie intitulée *la Fille médecin* suffira pour faire briller dans tout leur éclat les talens de ce grand personnage.

LE MÉDECIN SYMPATHIQUE.

Votre fille a, dit-on, besoin de mon secours,
Monsieur, et je viens mettre une allonge à ses jours.

La santé par mes soins, à qui tout est facile,
Va faire élection chez vous de domicile ;
Car je guéris, partout où je me vois mandé,
Tutò, *citò*, monsieur, et surtout *jucundè*.

GÉRONTE.

Mais par malheur pour moi, ma fille, prévenue
D'un autre médecin qui dès hier l'avait vue,
S'étant sur ce chapitre expliquée aujourd'hui,
Ne veut se laisser voir à personne qu'à lui.
J'en suis fâché, monsieur ; car, pour ne vous rien taire,
Vous ne sauriez la voir.

LE MÉDECIN.

     Il n'est pas nécessaire ;
Et je puis, sans cela, la guérir dès ce soir.

GÉRONTE.

Quoi ! vous la guérirez sans la voir ?

LE MÉDECIN.

       Sans la voir.
Cela ne sert de rien.

GÉRONTE.

    L'admirable méthode !
Je suis ravi, monsieur, de vous voir si commode ;
Et sans perdre de temps, puisque votre bonté
Veut bien lever pour nous cette difficulté,
Je vous vais de son mal faire un récit sincère,
Afin que vous sachiez....

LE MÉDECIN.

Il n'est pas nécessaire :
Que je le sache ou non, tout cela m'est égal.

GÉRONTE.

Quoi ! monsieur, sans la voir, et sans savoir son mal,
Vous guérirez ma fille !

LE MÉDECIN.

Et cent autres comme elle.
J'ai trouvé pour guérir une mode nouvelle,
Prompte, sûre, facile, agréable.

GÉRONTE.

Tant mieux.

CRISPIN.

Voici quelque sorcier.

ÉRASTE.

Ou quelque cerveau creux.

GÉRONTE.

Puisque vous ne voulez ni la voir ni l'entendre,
Dites-nous, que faut-il, monsieur, lui faire prendre?

LE MÉDECIN.

Rien du tout.

GÉRONTE.

Rien du tout! quand vous traitez quelqu'un,
Quoi ! vous n'ordonnez pas quelque remède ?

PERSONNAGES

LE MÉDECIN.

Aucun.

GÉRONTE.

Et sans savoir son mal, sans le voir, sans remède,
Vous le guérissez?. . . . .
. . . . Allons, de grâce, au fait.
Que faut-il pour guérir Lucile qui s'obstine?..

LE MÉDECIN.

De ses ongles rognés ou bien de son urine,
Ou même, si l'on veut, de ses cheveux ; après,
Par l'occulte vertu d'un mixte que je fais,
Je prétends la guérir, fût-elle en Amérique.

LISETTE, à part.

Je gage que voici le docteur Sympathique
Dont on a tant parlé.

GÉRONTE.

Le secret me surprend.
Mais comment se produit un miracle si grand ?
Comment s'opère-t-il? Voyons, je vous en prie.

LE MÉDECIN.

C'est par cette vertu, dite de sympathie.
Voici comment. Ce sont des effets merveilleux.
De ces ongles rognés, monsieur, de ces cheveux,
Ou bien de cette urine, il sort une matière,
Comme de tous nos corps, subtile, singulière,
Que Démocrite appelle, en ses doctes écrits....

Atomes, petits corps, monsieur, que je m'applique
A guérir par l'effet d'un mixte sympathique.
Ces petits corps guéris dès ce moment, dès lors
Vont à travers de l'air chercher les petits corps
Qui sont sortis du corps du malade ; de grâce,
Suivez-moi pas à pas : ils pénètrent l'espace
Qui les a séparés, depuis qu'ils sont dehors,
Sans s'arrêter jamais aux autres petits corps
Qui sont sortis du corps de quelqu'autre ; de sorte
Qu'ayant enfin trouvé dans l'air qui les transporte
Les petits corps pareils à ceux dont nous parlons,
Les susdits petits corps, comme des postillons,
Guéris par la vertu du mixte sympathique,
Leur portent la santé que je leur communique ;
Et le malade alors, reprenant sa vigueur,
Se sent gaillard, dispos, sans mal et sans douleur.

CRISPIN.

Ainsi ces petits corps qui vont avec vitesse,
Emportent par écrit avec eux leur adresse,
Et pour connaître ceux qu'ils vont chercher si loin,
Sans doute ils sont marqués, monsieur, à quelque coin.

GÉRONTE.

Maraud, te tairas-tu ? Mais, docteur, écoutez :
Ce remède est-il sûr ?

LE MÉDECIN.

Sûr ? Si vous en doutez :
Qu'un malade ait la fièvre, et qu'on me donne en main
De ses ongles rognés, de ses cheveux : soudain,
Les mettant dans un arbre avec certains mélanges,

Mon mixte produira des prodiges étranges ;
Et par un changement que l'on admirera,
L'homme perdra la fièvre, et l'arbre la prendra.

CRISPIN.

Ainsi, si vous vouliez, vous donneriez les fièvres
A toutes les forêts d'Orléans.

GÉRONTE, à Crispin.

Si tes lèvres.....

MESMER.

La doctrine de MESMER est renfermée dans ces paroles : *Il n'y a au monde qu'une maladie, et j'en ai le remède au bout du doigt.* Aussi le médecin allemand n'eut-il qu'à paraître en France, pour obtenir, d'un assentiment unanime, les titres glorieux de charlatan et de jongleur.

Tout était séduisant dans la doctrine du magnétisme, tout jusqu'au docteur lui-même. « Le médecin en habit lilas ou pourpre, où l'aiguille a peint les fleurs les plus brillantes, tient à sa malade les propos les plus consolans ; ses bras mollement enlacés la soutiennent dans son spasme, et son œil ardent et tendre exprime le désir qu'il a de la soulager. L'épouvantable pharmacie en est à jamais exclue; le cristal d'une onde pure y remplace ses poisons, et la dextérité à le porter vers une bouche de rose, lui donne tout son effet ». (*Mesmer justifié*, 1784). Le titre de cet ouvrage prouve assez qu'il ne peut être ironique. Continuons d'admirer un tableau si charmant. « La maison de M. Mesmer est comme le temple de la divinité, qui réunit tous les états. On y voit des cordons bleus, des abbés, des marquises, des grisettes, des militaires, des traitans, des freluquets, des médecins, de jeunes filles, des accoucheurs, des gens d'esprit, des têtes à perruques, des moribonds, des hommes forts et vigoureux, etc. Tout y annonce un attrait, un pouvoir inconnu ; ce sont des barreaux magnétiques, des baquets fermés, des baguettes, des cordages, des arbustes fleuris et magnétisés, divers instrumens de musique, entre autres l'harmonica, dont les tons flûtés éveillent celui-ci, donnent un léger délire à celui-là, excitent le rire, et quelquefois les pleurs : joignez à ces objets des tableaux allégoriques, des caractères mystiques, des cabinets matelassés, des lieux particuliers destinés aux crises, un mélange confus de cris, de hoquets, de soupirs, de chants, de gémissemens : le tout se fait par l'opération d'un principe inconnu. Le point capital pour son action, c'est une volonté forte et déterminée de la part de l'agent, et une disposition heureuse ou une soumission aveugle de la part du patient ».

Le grand art de magnétiser comprenait toutes les connaissances humaines : l'art des aruspices, celui des augures, l'astrologie, la nécromancie, la pyromancie, l'aéromancie, l'hydromancie, la géomancie, la chiromancie, la catoptromancie, la coscinomancie, l'étude de la physiognomancie, la céphalaïonomancie, la métoposcopie, l'onéitocritie, la puissance des esprits, celle des revenans, la possession des diables, la palingénésie, les épreuves par le feu, par l'eau, par l'huile bouillante, les exorcismes, les enchantemens, la transplantation des maladies, les sortiléges, l'escamotage, l'art des convulsions, le jeu de la baguette divinatoire; le *Mesmérisme* était tout cela réuni, ou plutôt il reposait sur cette base inébranlable. Tel qu'un temple brillant tout à coup élevé par les Fées, il montrait dans les airs une subtile émanation de tous les prodiges ensemble : on ne connaissait pas alors l'art encéphalocranioscopique.

L'idée de s'entasser tant de connaissances au bout du doigt ne pouvait naître sans de grands efforts d'imagination : Mesmer rêva long-temps au procédé neuf et subtil par lequel il immortaliserait son nom. Un de ses historiens le contemple au moment où ses méditations profondes enfantaient sa doctrine. « Il rejeta, dit-il, les *guérisons homériques*, ainsi appelées, parce qu'elles consistaient pour tout remède, à mettre le IV.ᵉ livre de l'*Iliade* sous la tête du malade :

Meoniæ Iliadas quartum suppone timenti.

Le remède de *Caton* contre les luxations (*de re rusticâ*), qui se fait en prononçant *donatadaries dardaries astararies*, lui parut aussi ingrat ; il ne se décida pas plus pour les mots de *Marc Varron*, qui enlevaient les douleurs de goutte, ni pour le secret de *Servius*

Novianus, qui guérissait les maladies de l'œil, en faisant porter au cou un billet sur lequel il avait écrit deux lettres grecques.

« Le fils d'*Autolius*, de qui la parole arrêtait le flux de sang, et l'empereur Adrien, qui, selon *Cœlius Aurelianus*, faisait sortir l'eau du ventre des hydropiques en les touchant du bout du doigt, n'étaient pas à ses yeux des jongleurs plus dignes du siècle dans lequel il aurait voulu rajeunir leurs découvertes.... Les jongleries par les pierres précieuses excitaient son admiration, aussi bien que les charmes, les talismans, les sortiléges dont il lut mille histoires curieuses. Ici, les savans *Agricola* et *Cardan* (*de Subtilitate*) lui offraient le préservatif contre toute sorte de poisons, pour ceux qui porteraient les larmes épaissies d'un cerf, ou ses dents ; là, *Arnaud de Villeneuve* lui enseignait *le moyen infaillible de conserver la chasteté*, en portant habituellement un couteau dont le manche serait fait avec l'*agnus castus*.... »

Je m'arrête. Que de révélations précieuses dues ici à l'auteur de ce mémoire ! Voilà donc le sage Caton lui-même qui eut des droits à servir de modèle aux Personnages célèbres dans les rues de Paris, et qui inventa des paroles magiques! ainsi que le centenaire Varron, ainsi que Novianus et le fils d'Autolius! Quant à l'empereur Adrien, je crains qu'il n'en soit de lui comme de Nicolas Flamel avec son docteur Borel, et qu'il ne doive céder son nouveau titre à son historien Cœlius Aurelianus; mais l'auteur n'a point oublié *Serenus Sammonicus,* ce médecin qui, sous Sévère et Caracalla, s'acquit tant de réputation et une fortune si prodigieuse par l'invention d'un hiéroglyphe en pointe, et offrant en tous sens le mot *Abracadabra,* dont la vertu guérissait toutes les fièvres. Poursuivons l'examen rapide des jongleries célèbres qui se retracent à l'imagination de notre héros. C'est comme un tableau magique qui lui fait passer en revue toutes les merveilles humaines, et où, comme le frère Lourdis, il doit se voir lui-même sans se reconnaître....

Lourdis était aussi dans ce tableau.

Le premier Personnage que Mesmer vit paraître ensuite, ce fut *Œtius,* ce sophiste fameux, né dans la Célésyrie, d'abord chaudronnier, puis charlatan ; enfin diacre, évêque et patriarche de Constantinople, sous Julien l'apostat, et qui admettait pour précepte que les actions les plus infâmes sont des besoins de la nature. Furent admis après Œtius, un *Marcellus*, dont j'ignore les titres à cette distinction ; *Pline*, que je connais très-bien, et que je crois même très-digne de cet honneur, pour l'universalité de ses connaissances et plusieurs de ses récits merveilleux; puis *Théophraste*, apparemment en faveur de son *Histoire des pierres* et de son *Traité des plantes*. Arrivèrent après, le médecin *Trallian*; le jésuite *Delrio*, si recommandable par ses *Disquisitions magiques;* *Maxwel*, *Peklin*; le docteur-magicien *Pierre Apono*, plus adroit, plus intéressé peut-être encore que sorcier, qui ne visitait pas un malade à moins de cinquante écus, et ne voulut marcher pour le pape que sous la promesse de quatre cents ducats par jour. Mesmer vit ensuite le provençal *Gaffarel*, si versé dans les sciences des rabbins et des cabalistes, qui, ne se contentant pas de toutes les merveilles répandues sur la surface de ce monde, projetait l'*Histoire universelle du monde sou-*

terrain, et promettait même une *Description exacte des Cavernes sulfureuses de l'Enfer, du Purgatoire et des Limbes.* Vint encore *Naudé*, comme un antagoniste à combattre sans doute, puisqu'il prétendit que de grands Personnages avaient été faussement accusés de magie ; puis le médecin astrologue *Mizaud*, un *Scot*, et enfin l'immortel *Albert le grand*, si connu dans cette histoire.

L'auteur du mémoire veut qu'alors *Paracelse* lui-même se soit présenté pour faire admirer au héros un onguent fameux de sa composition, qui, préparé tandis que le soleil est au signe de la Balance, et appliqué tous les jours *sur le fer qui a fait une plaie, ou sur un autre qui y aura été introduit,* la guérit infailliblement, *quand même ce pansement se ferait à cent lieues du blessé.* « Mesmer, ajoute-t-il, vit beaucoup d'autres choses surprenantes. Que ne trouva-t-il pas, sur la guérison des maladies par *transplantation !* Borelli et *Hoffman* l'autorisaient à faire coucher ses malades avec des animaux, pour enlever les douleurs. « On verra dans la suite, continue notre historien un peu cynique, comment le nouveau jongleur profita de cette ouverture, pour perfectionner l'art, en y couchant lui-même. » *Panarole* (*Fascicul. Arcan.*1) l'exhortait à guérir les hydropiques, en attachant les ongles de leurs pieds et de leurs mains sur le dos d'une écrevisse, et en la jetant ensuite dans la rivière. *Balthasar Wagner* lui proposait de faire passer l'inflammation des yeux dans un morceau de racine de guimauve, cueillie lorsque le soleil est dans *Virgo*, et attachée à la nuque. L'auteur de l'*unguentum magneticum* (Paracelse, *de Lampade Vitæ*) lui vantait encore sa *mumie* contre la fièvre et la jaunisse. Ce remède souverain consiste à mettre du sang des malades dans des coquilles d'œufs qu'on a vidées, à les faire couver en cet état sous une poule, et à donner ensuite ce sang à manger à un chien. Il y eut jusqu'à *Maupertuis* qui voulut lui persuader à Vienne de guérir les maladies, en enduisant les malades de poix-résine.

Mesmer eut encore à écouter les deux Anglais *Robert Flud* et *Rumelius Famundus*, qui l'invitaient, comme *le chevalier Digby*, à faire passer la maladie dans les arbres, après avoir consulté les urines. Le chevalier lui vantait, en outre, sa poudre de sympathie. Mais toutes ces propositions étaient inutiles : l'imagination de Mesmer venait de faire explosion; il se lève, il part. Le moment était favorable, et propre à exciter l'enthousiasme. A Hambourg, le *comte de Saint-Germain*, âgé de deux mille ans, et qui avait bu avec Jésus-Christ aux noces de Cana, n'était vu qu'avec une profonde vénération. En France, « on était passionné, par la présence de *Francklin*, pour le fluide électrique; *Comus* attirait une multitude de spectateurs aux merveilles qu'il opérait par le moyen de l'aimant; la poudre d'*Ailhaud* perdait de son crédit; le jongleur *Cagliostro*, âgé de deux cents ans, n'avait pas encore paru, et c'était un peu avant la navigation aérienne ». Ce fut alors que la renommée annonça un baquet fameux, et un docteur qui guérissait tout avec le bout de son doigt. Il n'avait plus qu'à se montrer.

Voici la base du système. — Toute la sphère de l'air est remplie de lumière. — L'air enlace tous les corps du monde. — Ses parties très-déliées sont dans chaque corps. — Ces parties en entrant, en sortant et en passant au travers des corps, sont la cause des changemens qui y arrivent. — En excitant l'action de ces parties, on excite ces changemens. — D'une certaine manière de les exciter, dépend le rétablissement de la santé.

Or, pour parvenir à cette manière de les exciter, il faut connaître parfaitement *les pôles* du corps humain et les principaux *équateurs*. « *Le premier de ces pôles*, ou le *pôle noir*, est celui du milieu, le centre de réunion des plus fortes sensations opérées au moyen du magnétisme. Son siége principal est ce qu'on appelle *la fossette du cœur*, et se prolonge le long des côtes, de droite et de gauche ; il étend sa puissance jusqu'au nombril, et jusqu'aux parties que les médecins appellent hypocondres. C'est le siége ordinaire des obstructions, de la maladie noire, des amas de bile ».

Les historiens font les mystérieux sur le *deuxième pôle;* ce pourrait être, disent-ils, une seconde *fossette*, qui correspond à celle du cœur, et qui, comme elle, a beaucoup de puissance. Le *troisième pôle* est celui du sein, qui, chez les femmes, est appelé *le pôle blanc*. Il s'étend, dit *le Mesmer justifié*, sur toute la surface de la poitrine jusqu'à la lèvre inférieure supérieurement, et jusqu'au pôle noir inférieurement. Le *quatrième pôle* est celui de la bouche ; le *cinquième*, celui du nez ; le *sixième*, celui des yeux ; le *septième* et dernier, celui des mains, qui se combine avec tous les autres, pour former ce qu'on appelle *les équateurs*. Ces pôles ont été portés au nombre de *sept*, à l'imitation des sept planètes, des sept métaux, des sept Sages de la Grèce, des sept jours de la semaine, des sept notes de musique, des sept couleurs primitives, et surtout des sept merveilles du monde. Tous ces pôles forment des équateurs qui exigent les connaissances les plus profondes en anatomie et en astrologie, pour parler de leurs rencontres, de leurs combinaisons et de leurs influences.

Disons maintenant comment on s'y prend pour magnétiser : ceci est comme sacré ; j'ose à peine y toucher, et me contente de transcrire. « On s'assemble autour d'un baquet couvert et mystérieux, hérissé de branches de fer, comme on représente à peu près un astre avec tous ses rayons : ces fers assez aigus, les uns de quatre pieds, les autres de deux, placés alternativement, servent à former un double rang autour du baquet. Chaque malade convenablement entortillé, soit autour du corps, du col ou des pieds, d'une corde, dirige la pointe d'un de ces fers vis-à-vis le pôle principal, et attend avec ferveur, quelquefois pendant six heures de suite, l'effet qui en doit résulter. Plusieurs se servent de fers plus élevés, qui aboutissent à l'œil, à l'oreille ou au front; ce qui forme un effet bizarre, ajoute l'auteur des Mémoires, car toute la société ressemble, je ne puis m'empêcher de le dire, à un concile de grues qui ont le bec dans l'eau; mais vu le bien qui en résulte, on passe par-dessus, et on sait bien que ceux qui y sont ne sont pas des grues; témoins tous les grands hommes qu'on y voit journellement rassemblés. On forme ensuite la chaîne, c'est-à-dire, que chacun se tient par les pouces, à peu près un quart-d'heure; c'est ordinairement pendant la chaîne que surviennent les crises, état fort extraordinaire, mais nécessaire pour guérir. La chaîne finie, chacun frotte ses mains, et respire le fluide magnétique qui s'y est accumulé ».

Voilà les préliminaires. C'est alors que les adeptes se lèvent, et que commencent de

IMITATEURS. 281

toutes parts les attouchemens sur les différens pôles, quelquefois à l'aide d'une verge de fer d'environ dix pouces, droite et un peu obtuse, mais le plus souvent avec le bout du doigt, surtout pour les jolies femmes, ayant soin d'avoir toujours les yeux fixés sur ceux de la personne que l'on mesmérise. « En tout temps, est-il dit dans la préface des Aphorismes du moderne Hippocrate, une musique exprimant une tempête ou un bruit de guerre, etc., animait les crises languissantes, et décidait celles qui restaient indécises, tandis que les personnes en crise violente trouvaient de l'adoucissement ou du calme dans un *andantino affettuoso*, ou dans quelque air pathétique en ton mineur ». Les différentes crises se sont donc tout à coup décidées chacune de leur côté. Elles commencent ordinairement par une petite toux qui devient convulsive, laquelle est bientôt suivie de hoquets, de cris, de chants extraordinaires; il y en a qui imitent le chien, d'autres le chat, d'autres la poule, etc., etc., etc. Ces *et cætera* sont pour le lecteur qui aime qu'on lui laisse parfois quelque chose à deviner. Il doit surtout se faire l'idée d'une mélodie fort singulière et un peu discordante ; mais ce n'était qu'un moment à passer : à la suite de ce délire, on était parfaitement guéri de tous ses maux.

Les riches pouvaient seuls être admis au baquet mystérieux. Mesmer ne voulut pourtant pas que les pauvres fussent privés de ses bienfaits, et en leur faveur, il magnétisa un arbre sur les Boulevards du côté de la rue de Bondy, ce qui offrit aux malades peu fortunés le don gratuit de la santé. Les apothicaires devinrent furieux en voyant tout Paris se purger ainsi, sans qu'il fût nécessaire de recourir à leurs drogues. Ils furent même sur le point de présenter une requête au roi, mais ceci devint inutile ; il est trois vieilles filles, demi-sorcières, que l'on nomme les Parques, et avec lesquelles on prétend qu'ils sont en grande relation, qui se chargèrent de les venger....De ce moment, qu'aperçois-je en parcourant les nombreux mémoires sur la vie de notre magnétiste ? des tombeaux, des urnes funéraires, des mausolées !... En vérité, mourir pour mourir, autant s'adresser à un médecin ordinaire : on prétend même que l'intéressant auteur du *Monde primitif* (Court de Gébelin) mourut sans avoir été malade, ayant éprouvé des sensations trop vives. C'étaient là, de la part des vieilles furibondes, des tours vraiment pendables : les apothicaires en rirent dans leur barbe, le malheureux Mesmer vit sa gloire flétrie ; et que fit le public ? il en revint à la casse et au séné.

Mais un vengeur s'avançait, et ce vengeur, c'était Cagliostro. Mesmer purgeait bien son monde, et voilà tout. Cagliostro trouva le secret de rendre immortel, ou au moins de donner à la vie de l'homme une prolongation peu ordinaire ; son génie fut, si j'ose m'exprimer ainsi, un *Bureau d'assurance* contre la mort. Je reviens donc naturellement à cet incomparable bienfaiteur de l'humanité, et vais révéler enfin sa recette merveilleuse : on se doute bien que je la regarde aussi comme trop sacrée pour oser y rien changer. La voici donc religieusement extraite des mémoires de son illustre inventeur. Parques, apothicaires, tremblez !

SECRET DE LA RÉGÉNÉRATION, OU PERFECTION PHYSIQUE, *PAR LAQUELLE ON PEUT ARRI-*

VER A LA SPIRITUALITÉ de 5557 ans (*Bureau d'assurance* du grand CAGLIOSTRO.)

« Celui qui aspire à une telle perfection, doit, *tous les cinquante ans*, se retirer, dans la pleine lune de mai, à la campagne avec un ami ; et là, renfermé dans une chambre et dans une alcove, souffrir pendant quarante jours la diète la plus austère, mangeant très-peu, et seulement de la soupe légère, des herbes tendres, rafraîchissantes et laxatives, et n'ayant pour boisson que de l'eau distillée ou tombée en pluie dans le mois de mai. Chaque repas commencera par le liquide, c'est-à-dire par la boisson, et finira par le solide, qui sera un biscuit ou une croûte de pain. Au dix-septième jour de cette retraite, après avoir fait une petite émission de sang, on prendra de certaines gouttes blanches, dont on n'explique pas la composition, et on en prendra six le matin et six le soir, en augmentant de deux par jour jusqu'au trente-deuxième jour.

« Alors on renouvellera la petite émission de sang au crépuscule du soleil. Le jour suivant on se met au lit, pour n'en plus sortir qu'à la fin de la quarantaine, et là, on avale le premier grain de matière première. Ce grain est le même que Dieu créa pour rendre l'homme immortel, et dont l'homme a perdu la connaissance par le péché; il ne peut l'acquérir de nouveau que par une grande faveur de l'Eternel, et par les travaux maçonniques. Lorsque ce grain est pris, celui qui doit être rajeuni perd la connaissance et la parole pendant trois heures; et, au milieu des convulsions, il éprouve une grande transpiration et une évacuation considérable. Après que le patient est revenu, et qu'il a été changé de lit, il faut le restaurer par un consommé fait avec une livre de bœuf sans graisse, mêlé de différentes herbes propres à réconforter.

« Si le restaurant le remet en bon état, on lui donne, le jour suivant, le second grain de matière première dans une tasse de consommé, qui, outre les effets du premier, lui occasionnera une très-grande fièvre, accompagnée de délire, lui fera perdre la peau et tomber les cheveux et les dents. Le jour suivant, qui est le trente-cinquième, si le malade est en force, il prendra pendant une heure un bain qui ne sera ni trop chaud, ni trop froid. Le trente-sixième jour, il prendra, dans un petit verre de vin vieux et spiritueux, le troisième et dernier grain de matière première, qui le fera tomber dans un sommeil doux et tranquille; c'est alors que les cheveux commenceront à repousser, les dents à germer, et la peau à se rétablir. Lorsqu'il sera revenu à lui-même, il se plongera dans un nouveau bain d'herbes aromatiques, et le trente-huitième jour dans un bain d'eau ordinaire dans lequel on aura fait infuser du nitre. Le bain étant pris, il commencera à s'habiller et à se promener dans la chambre; et le trente-neuvième jour, il avalera dix gouttes du baume du grand-maître dans deux cuillerées de vin rouge; le quarantième jour, il quittera la maison *tout-à-fait rajeuni et parfaitement régénéré.*

« .... Nous ne devons pas oublier de dire que l'une et l'autre méthode est prescrite également pour les femmes, et que dans ce qui regarde la régénération physique, il est enjoint à chacune de se retirer ou sur une montagne ou à la campagne, avec la seule compagnie d'un ami, qui doit lui donner tous les secours nécessaires, et principalement dans les crises de la cure corporelle ».

Cagliostro, dont maintenant je poursuis l'histoire, eut le bonheur de pouvoir contempler cet autre demi-dieu dont j'ai parlé, et qui n'était guère âgé alors que de deux mille ans; je veux dire le fameux comte SAINT-GERMAIN, autre illustre chimiste, alchimiste, empirique, qu'il reconnaissait pour son maître, car, en passant dans le Holstein où se trouvait le patriarche, il courut aussitôt lui rendre hommage. « C'est là, dit notre seconde pièce justificative, que ce grand homme savourait les douceurs de l'immortalité depuis plusieurs années, et faisait en paix le bonheur de trois personnes qui l'abreuvaient des vins de Champagne et de Hongrie, en reconnaissance du Pactole qu'il avait amené dans leurs terres ». Voici les particularités relatives à la visite que lui rendit Cagliostro. Saint-Germain avait fait dire qu'il le recevrait à deux heures après minuit. « Ce moment arrivé, lui et sa femme revêtent une tunique blanche, coupée par une ceinture aurore, et se présentent au château. Le pont-levis se baisse : un homme de sept pieds, vêtu d'une longue robe grise, les mène dans un salon mal éclairé. Tout à coup deux grandes portes s'ouvrent, et un temple, resplendissant de mille bougies, frappe leurs regards. Sur un autel était assis le comte : à ses pieds, deux ministres tenaient des cassolettes d'or, d'où s'élevaient des parfums doux et modérés. Le dieu avait sur sa poitrine une plaque de diamans dont à peine on supportait l'éclat. Une grande figure blanche diaphane soutenait dans ses mains un vase sur lequel était écrit : *Elixir de l'immortalité*. Un peu plus loin, on apercevait un miroir immense, devant lequel se promenait une figure majestueuse, et au-dessus du miroir était écrit : *Dépôt des âmes errantes*.

« Le plus morne silence régnait dans cette enceinte sacrée : une voix, qui n'en était pas une, fit cependant entendre ces mots : *Qui êtes-vous ? d'où venez-vous ? que voulez-vous ?* Alors le comte Cagliostro se prosterne la face contre terre, ainsi que la marquise, et après une assez longue pause, il articula à voix basse cette courte harangue : *Je viens invoquer le dieu des Croyans, le fils de la Nature, le père de la Vérité. Je viens demander un des quatorze mille sept cents secrets qu'il porte dans son sein. Je viens me*

faire son esclave, son apôtre, son martyr.
Le dieu ne répondit rien ; mais après un assez long silence, une voix se fit entendre, et dit : *Que se propose la compagne de tes voyages ?* Elle répondit : *Obéir et servir.* Alors les ténèbres succèdent à la nuit, le bruit à la tranquillité, la crainte à la confiance, le trouble à l'espoir ; et une voix aigre et menaçante dit : *Malheur à qui ne peut supporter les épreuves !* » Et des épreuves terribles eurent lieu. Je ne m'arrêterai point à les retracer. J'ai à m'occuper d'opérations plus importantes, et qui rentrent bien mieux dans mon sujet, puisqu'il s'agit d'une apparition de six ombres évoquées par Cagliostro lui-même. Ces six ombres vinrent souper ; nous saurons comment la chose se passa. Je voudrais pouvoir dire aussi par quel moyen magique elle eut lieu ; mais sur ce point, je suis, comme bien d'autres, forcé de m'en tenir aux conjectures. Je transcris encore : en vérité, cette crainte de passer pour un profane n'est pas sans agrément. Voyons l'apparition.

« On avait mis douze couverts, et il n'y avait que six convives. Chacun demanda le mort qu'il désirait revoir ou connaître. C'était *Dalembert*, le *duc de Choiseul*, *Diderot*, *Voltaire*, *l'abbé de Voisenon* et *Montesquieu*. La première question fut, comment l'on se trouvait dans l'autre monde. — Il n'y a point d'autre monde, répondit d'Alembert. La mort n'est qu'une cessation des maux qui vous ont tourmentés. On n'a nulle espèce de plaisir, mais on ne connaît aussi aucune peine. Je n'ai pas trouvé mademoiselle de l'Espinasse, mais aussi je n'y ai pas vu de Linguet. On est fort sincère : quelques morts qui sont venus nous rejoindre, m'ont assuré que j'étais presque oublié. Je m'en suis consolé : les hommes ne valent pas la peine qu'on s'en occupe. Je ne les ai jamais aimés, maintenant je les méprise.

« Qu'avez-vous fait de votre savoir ? demanda M. de *** à Diderot. — Je n'ai pas été savant comme on l'a cru. Ma mémoire me retraçait ce que j'avais lu, et lorsque j'écrivais, je prenais de côté et d'autre. De là vient le décousu de mes livres, qu'on ne connaîtra pas dans cinquante ans. L'Encyclopédie, dont on me fait honneur, ne m'appartient pas. Le métier d'un rédacteur est de mettre de l'ordre dans le choix des matières : or, il y en a si peu, qu'il a fallu refondre tout l'ouvrage. L'homme qui a montré le plus de talent à l'occasion de cet ouvrage, est celui qui a fait la Table; et personne ne pense à lui en faire honneur.

« J'ai beaucoup loué cette entreprise, dit Voltaire, parce que je la croyais propre à seconder mes vues philosophiques. A propos de philosophie, j'avais raison, il n'y a pas un mot de vrai de tout ce qu'on nous a conté. Je me suis scrupuleusement informé : tout cela n'est qu'une longue et triste fable dont on a perdu le souvenir. Si c'est pour mes plaisanteries sur ce sujet, que Christophe m'a refusé la sépulture, il s'est donné là un terrible ridicule. Depuis ma mort, j'ai appris d'étranges choses. J'ai causé avec une demi-douzaine de papes; ils sont bons à entendre. Clément XIV, et Benoît surtout, sont vraiment plaisans.

« Ce qui me fâche un peu, dit le duc de Choiseul, c'est qu'on n'a point de sexe là où nous habitons, et, quoi qu'on en dise, cette enveloppe charnelle n'était pas si mal inventée. — A quoi se connaît-on donc? demanda quelqu'un. — Aux caprices, aux goûts, aux prétentions, à mille petites choses qui sont des grâces chez vous, et des ridicules là-bas.

« Ce qui m'a fait vraiment plaisir, dit l'abbé de Voisenon, c'est que parmi nous on est guéri de la manie de l'esprit. Vous n'imaginez pas combien l'on m'a persifflé sur mes petits romans spirituels et saugrenus, combien l'on s'est moqué de mes Notices littéraires. J'ai eu beau dire que je donnais à ces puérilités leur juste valeur; soit qu'on ne crût pas à la modestie d'un académicien, soit que tant de frivolité ne convînt pas à mon état et à mon âge, j'expie presque tous les jours les erreurs de ma vie humaine.

« Les questions se succédaient avec tant de rapidité, que les esprits ne savaient à qui répondre ». On le croira sans peine. Il n'y avait eu que des hommes à ce souper. Les dames voulurent, à leur tour, être initiées, et s'adressèrent à madame Cagliostro, qui déjà leur avait souvent confié que son mari avait le secret d'être en plusieurs endroits à la fois, et de se rendre invisible où il se trouvait. On ne douta plus que ce ne fût un homme absolument extraordinaire, et le beau sexe représenta vivement que, puisqu'il y avait des sorciers, il devait y avoir des sorcières. Madame Cagliostro consentit à commencer un Cours de magie pour trente-six adeptes, toutes femmes de condition, et les clauses préliminaires furent qu'elles déposeraient d'abord dans une caisse chacune cent louis. Chaque somme ayant été aussitôt versée, le Cours eut lieu dans une vaste maison, rue Verte Saint-Honoré. Il y avait une seconde clause, qui portait qu'à dater du jour de la demande, chaque dame s'abstiendrait de tout commerce humain. Cette clause avait encore été remplie. Le 7 août, on se rendit donc au lieu désigné sur les onze heures du soir. « En entrant dans la première salle, chaque femme était obligée de quitter son cul, sa bouffante, ses soutiens, son corps, son faux-chignon, et de vêtir une lévite blanche avec une ceinture de couleur. Il y en avait six en noir, six en bleu, six en coquelicot, six en violet, six en couleur de rose, six en impossible. On leur remit à chacune un grand voile, qu'elles placèrent en sautoir de gauche à droite. Lorsqu'elles furent toutes préparées, on les fit entrer deux à deux dans un temple éclairé, garni de trente-six bergères couvertes de satin noir. Madame de Cagliostro, vêtue de blanc, était sur une espèce de trône, escortée de deux grandes figures, habillées de manière qu'on ignorait si c'étaient des spectres, des hommes ou des femmes. La lumière qui éclairait cette salle s'affaiblissait insensiblement, et lorsqu'à peine on distinguait les objets, la grande-prêtresse ordonna de découvrir la jambe gauche jusqu'à la naissance de la cuisse. Après cet exercice, elle ordonna de nouveau d'élever le bras droit, et de l'appuyer sur la colonne voisine. Alors deux femmes, tenant un glaive en main, entrèrent; et ayant reçu des mains de madame Cagliostro des liens de soie, elles attachèrent les trente-six dames par les jambes et par les bras ».

Cette cérémonie fut suivie d'un discours prononcé par la grande-maîtresse, et après ce discours, on brisa leurs liens pour les soumettre à diverses épreuves. Ici, des hommes les persifflaient; là, tous les genres de séduction leur étaient présentés : plusieurs dames se trouvèrent avec leurs amans, et leur devoir était de les repousser d'une manière impitoyable, au risque de rompre à jamais, et de les désespérer. Toutes s'acquittèrent strictement de ce qui leur était prescrit. Enfin « une espèce de dôme s'ouvrit, et, sur une grosse boule d'or, descendit un homme, nu comme Adam, tenant dans sa main un serpent, et portant sur sa tête une flamme brillante. C'est du Génie même de la vérité, dit la grande-maîtresse, que je veux que vous appreniez les secrets dérobés si long-temps à votre sexe : celui que vous allez entendre, est le célèbre, l'immortel, le divin Cagliostro, sorti du sein d'Abraham sans avoir été conçu, et dépositaire de tout ce qui a été, de tout ce qui est, et de tout ce qui sera connu sur terre.

« Filles de la Terre, s'écria-t-il, dépouillez ces vêtemens profanes, et si vous voulez entendre la vérité, montrez-vous comme elle. Alors la grande-prêtresse ôta sa ceinture, et laissa tomber ses voiles ; les autres l'imitèrent, et les filles du ciel se montrèrent, sinon avec leur innocence, du moins avec leurs charmes, aux yeux du Génie ».

Un souper suivit cette apparition. Les amans s'y retrouvèrent ; il y eut des danses, des divertissemens. Cagliostro s'était montré là personnellement et dans toute sa gloire, mais il paraît qu'il ne se souciait pas d'être reconnu toutes les fois qu'il apparaissait. Si j'en crois la première de nos troisièmes pièces justificatives, il avait un jour promis à un nouveau prosélyte de lui faire voir le grand Kophte égyptien, âgé de quelques milliers d'années; et après les diverses évocations, Cagliostro ayant cessé d'être présent, on vit s'avancer une espèce de fantôme fort gros, vêtu de blanc, ayant les cheveux blancs et un turban sur la tête. Le pupille, c'est-à-dire, un enfant inspiré qui devait répondre aux questions, sommé par le fantôme de dire ce qu'il voyait, répondit innocemment qu'il voyait Cagliostro avec un masque blanc et une longue barbe. « Apparemment, dit l'auteur de la relation, que cette réponse ne plut pas au grand-prêtre égyptien, car il éteignit tout de suite avec les mains deux bougies entre lesquelles il se trouvait, et on entendit distinctement le bruit du peignoir et de l'autre attirail qu'il quittait, apparemment pour s'en retourner plus lestement en Egypte ».

Ce récit pourrait bien être un des contes inventés à plaisir par ses nombreux ennemis. Je prie le lecteur de n'y pas trop ajouter foi. Quant à moi, je vais compléter la preuve de son pouvoir surnaturel, en montrant que, dès les années 1773 et 1775, il avait été pendu et brûlé, sans avoir malgré cela pu cesser de vivre. La manière dont il échappa aux suites de la pendaison peut attester son heureuse étoile ; mais un prodige évident le fit survivre aux flammes du bûcher. Je dois ces nouveaux renseignemens à mes deux *in*-4.° Il paraît que le *Courrier de l'Europe,* auquel ces lettres sont adressées, s'était mêlé de plaisanter Cagliostro sur ses opérations médico-chimiques. Ce fut, dit-on, à l'occasion d'une assertion avancée par notre empirique, « que les habitans de Médine se délivraient des lions, des tigres et des léopards, en engraissant des porcs à force d'arsenic, et en les chassant ensuite dans la forêt, où, dévorés par les bêtes féroces, ils leur causaient la mort ». Le journaliste, reconnaissant à notre personnage toutes les qualités d'un charlatan, voulait absolument que pour cela même on l'arrêtât, sans autre forme de procès, partout où on le trouverait. Cagliostro lui envoya de Londres un défi, par lequel il l'invitait « à manger avec lui un cochon de lait engraissé à la manière de Médine, et il pariait cinq mille guinées que Morand (le rédacteur du *Courrier de l'Europe*) mourrait, et que lui, Cagliostro, resterait en santé ». Cette expérience n'était pourtant pas à négliger, pour s'assurer au moins si notre personnage était vraiment un homme extraordinaire; mais M. Morand se tint pour convaincu, probablement parce qu'il reçut alors les deux pièces suivantes :

Au Rédacteur du Courrier de l'Europe.

Monsieur,

L'ingratitude du sieur Ticho, qui se fait appeler comte de Cagliostro, jointe au besoin d'argent que j'éprouve en ce moment, m'obligent de révéler au public une de ses aventures, qui ne se trouve point dans son Mémoire. Vous avez annoncé, dans l'un de vos numéros, que c'était un homme brutal et qui maltraitait sa femme. Il est bien étonnant que la leçon qu'il a reçue à Vienne vers la fin de 1775, ne lui ait pas fait plus d'impression. L'un des jours du mois de novembre de cette année, il se promenait, avec cette infortunée, sur les bords du Danube, dans l'endroit où le fleuve est le plus rapide. Il lui cherche querelle, je ne sais à quel propos; elle veut s'excuser, il entre en fureur, prend sa femme à travers du corps, et la jette dans le fleuve, à dix pas du rivage. Les témoins de cette scène barbare veulent en vain lui porter du secours : le fleuve l'entraîne, elle disparaît. Ticho est arrêté, trente témoins déposent de la vérité du fait ; il est condamné à être pendu.

Comme chirurgien de la prison, j'eus occasion de le voir. Il me parut bien pris dans sa taille; ses muscles étaient bien prononcés : je le jugeai propre à être disséqué. J'allai trouver l'exécuteur, j'entrai en marché avec lui, et j'achetai le corps de Ticho moyennant cinquante florins, c'est-à-dire le double de la valeur d'un pendu ordinaire. Ticho fut en effet pendu le 28 novembre; trois ou quatre heures après l'exécution, le cadavre fut porté chez moi. Je donnais alors un cours d'anatomie. Je place mon homme sur l'amphithéâtre, à la vue de tous mes élèves; et là, après avoir prononcé un discours scientifique sur les causes de la mort chez les pendus, je fais sur le mien une profonde incision, depuis le sternum jusqu'à l'os pubis. Ticho jette un cri perçant et se lève sur son séant. Mes élèves, effrayés, veulent gagner la porte; je les arrête et les engage au secret. Je recous l'ouverture; je saigne mon malade, je le purge : bref, en quinze jours je le remets sur pieds. Je le garde deux mois en ma maison soigneusement caché. Il me parlait souvent de sa femme, me vantait ses vertus, et paraissait inconsolable de sa perte. Un jour qu'il se reprochait, plus vivement que de coutume, d'avoir été l'auteur de sa mort, je la vois entrer avec précipitation et se jeter dans ses bras.

Le lendemain de son accident, madame Ticho avait été trouvée par un pêcheur, à quinze lieues de Vienne; un chirurgien de village, à force de lavemens de tabac et de fumigations, était parvenu à la rendre à la vie: le hasard avait voulu que le fils de ce chirurgien fût un de ceux qui étaient présens à la résurrection de Ticho: madame Ticho lui ayant fait confidence de sa déplorable aventure, le jeune homme lui apprit en même temps la pendaison, la dissection et la guérison de son mari. Elle eut la générosité de lui pardonner et de revenir vivre avec lui. Ils partent l'un et l'autre. Je leur fournis ce qui était nécessaire pour le voyage. En partant, Ticho m'assura qu'aussitôt qu'il le pourrait, il me rembourserait mes avances, le prix de sa pension, celui de mes soins, ainsi que les 50 florins que j'avais payés à l'exécuteur de la haute justice. Il paraît que Ticho m'a entièrement oublié, depuis qu'il est devenu comte de Cagliostro. On m'a assuré qu'il existait en Angleterre une loi admirable, à l'aide de laquelle un inconnu peut, sans titre, sans caution, et sur sa seule déclaration, faire emprisonner par provision un domicilié. Faites-moi le plaisir, monsieur, de me dire ce qui en est. Si l'on ne m'a pas trompé, je partirai pour l'Angleterre aussitôt votre réponse. Je suis, etc.

Dans la seconde lettre, le Familier du Saint-Office à Séville, D. Inigo Gavatchios, époux d'une très-jolie femme qu'il tient renfermée, et près de laquelle il n'a jamais souffert d'autre homme que monseigneur le grand-inquisiteur, dont elle a l'honneur d'être la pénitente, raconte que depuis son mariage il était atteint d'une maladie chronique qui lui causait une insomnie perpétuelle, avec des douleurs insupportables dans les régions latérales de l'os frontal. La signora son épouse lui ayant fait prendre quelques pilules narcotiques, il parvint à dormir quelques heures, mais d'un sommeil troublé par des rêves extravagans. Il ne voyait que taureaux, cerfs, béliers, et mille autres fantômes, dit-il, tout aussi impertinens. Mélisa, c'est ici le nom de Cagliostro, s'étant fait en ce moment à Séville une grande réputation dans l'art de dire l'horoscope, fut consulté par cet époux souffrant, et après avoir feuilleté ses almanachs, déclara que son mal était incurable, par la raison qu'il était né sous le signe du Capricorne. Cette réponse affligea tellement le Familier du Saint-Office, que, voulant se venger de sa mauvaise étoile sur le devin lui-même, il le livra, ainsi que sa compagne, à la Sainte-Inquisition, qui leur fit à tous deux l'honneur d'un très-bel *auto-*

da-fe. « Mélisa et sa femme, dit-il, furent revêtus d'un *sanbenito* très-élégant, et montèrent sur le bûcher au son d'une musique délicieuse. Le feu vengeur les dévora bientôt l'un et l'autre.... Tout à coup, ô prodige ! un aigle s'élève au milieu des flammes, et prend son vol vers les cieux; une colombe le suit; le tonnerre se fait entendre.... » Et voilà Mélisa et sa femme ressuscités.

Certes, ces deux événemens sont remplis d'un merveilleux qui dut donner à penser au rédacteur du *Courrier de l'Europe.* « En attendant que Dieu confonde cette engeance, disait D. Inigo à la fin de sa lettre, remercions-le, Monsieur, de ce qu'il nous a fait la grâce de n'être sorciers ni l'un ni l'autre ». J'ai reçu la même grâce du ciel, et je ne lui en fais pas tout à fait des remercîmens : un peu de science en sorcellerie ne nuit pas pour se bien conduire, et surtout pour connaître la bonne ou mauvaise intention des gens. Au surplus, si j'ai cité des faits dont j'ai attribué l'invention aux ennemis de Cagliostro, ces deux nouveaux prodiges pourraient bien avoir été supposés par ses amis, ce qui prouverait qu'il ne manqua ni des premiers, ni des seconds.

Quant à moi, qui me plus à le voir développer tous les genres de talens que j'avais à louer dans mon athlète César, et qui crois avoir suffisamment suivi l'exemple du poète Simonide : pour conclure comme La Fontaine,

> Je reviens à mon texte, et dis . . . . .
> Qu'on ne saurait manquer de louer largement
> Les Dieux et leurs pareils.

LE CÉLÈBRE MOCHINE.

Cagliostro n'est pas le seul ami de l'humanité souffrante qui ait excité au plus haut degré l'enthousiasme et la reconnaissance du public, et surtout des Parisiens. On en va juger par la pièce suivante, que j'insérerai ici toute entière, en priant cependant le lecteur de ne pas considérer le mérite de ces vers comme la mesure absolue des talens du Personnage.

« *Adieux et regrets des habitans de Paris, au célèbre* Mochine, *médecin-botaniste, ami de l'humanité.*

Air: *O ma tendre musette.*

Un Dieu de bienfaisance
A paru parmi nous;

Humain, plein de science,
Il nous plaisait à tous.
O vertueux MOCHINE !
Ton nom est révéré :
L'art de la médecine
Par toi fut réparé.

De toutes maladies
Tu connais les secrets :
Leurs noires perfidies
Cèdent à tes décrets ;
Ton esprit a l'adresse
De les bien consulter.
Tu pars, et la tristesse
De nous vient s'emparer.

Suis l'âme généreuse *
Qui nous ravit tes soins :
La tienne n'est heureuse
Que selon nos besoins.
Homme plein de mérite,
Précipite tes pas....
Reviens donc au plus vite,
Nous te tendons les bras.

Ah ! que de ton absence
Les pauvres gémiront !
Comme dans leur souffrance
Ils te rappelleront !

* S. A. R. le prince de G***. a mandé le sieur MOCHINE en Angleterre.

IMITATEURS.

Mochine, ô notre père!
Rediront-ils cent fois....
De ton art salutaire
Nous chérissons les lois.

Souviens-toi que la France
Te doit mille trésors,
Et que ta complaisance
A guéri bien des corps.
Reçois donc la couronne
Que tu sus mériter :
L'amitié te la donne,
Sachant te regretter.

Dans tout autre hémisphère
Tes talens brilleront :
A ce que tu sais faire
Les arts applaudiront.
Homme vraiment sensible,
On te doit des autels :
Sois donc (s'il est possible)
Au rang des Immortels.

Le célèbre Mochine, attendri par des couplets si touchans, répondit aussitôt par ces vers alexandrins, dont le dernier surtout est frappant de franchise :

« . . . .
Sexe charmant et doux, vieillards et jeunes gens;
Français, vous tous que j'aime avec idolâtrie,
Recevez mon hommage et mes remercîmens.

Quoi ! pour avoir sauvé de souffrantes victimes,
Vous m'avez prodigué tant d'éloges sublimes !
J'ai fait ce que j'ai dû, vous évitant la mort ;
De votre guérison je fais mon heureux sort,
Et je suis toujours prêt à vous rendre service ;
Mes frères, mes amis, ô qui que vous soyez,
Je n'ai d'autre désir que mon art vous guérisse :
Je suis bien satisfait *puisque vous y croyez.* »

Avis aux ennemis du tombeau.

Puisque nous en sommes aux *Avis à la main*, je dirai que celui-ci fut donné par une dame qui guérissait radicalement les maladies vénériennes. Elle se connaissait aussi à diverses autres maladies, tant internes qu'externes, et l'imprimé le prouve par deux certificats, l'un d'un charpentier de Saint-Germain-en-Laye, et l'autre conçu en ces termes :

« Moi, Bernard, je soussigné certifie que la dame susdite m'a guérit radicalement de quantité de douleur qui me tenait par tout le corps. Ce que j'assuré est vrai ; si l'on veux s'en informer, je demeure faubourg St.-Marcel, à côté du Pont-aux-Tripes, n°. 7, là où je donnerai des preuves de la vérité.

Signé BERNARD, *porteur d'eau.* »

Quant aux premières maladies, personne ne s'était mis en nom pour certifier l'excellence du traitement.

Les Demoiselles DEMONCY et VARECHON.

Je communiquerai ici dans toute sa teneur l'*Avis* des demoiselles DEMONCY et VARECHON; il est de la plus haute importance.

Avis au Public.

« Les demoiselles DEMONCY et VARECHON, nièces et élèves du sieur LYONNOIS, donnent avis au public, qu'après s'être appliquées avec soin, pendant vingt-deux ans, à la connaissance des causes des différentes maladies qui surviennent aux CHIENS et aux CHATS, elles y ont heureusement réussi, à la satisfaction de beaucoup d'honnêtes gens qui ont bien voulu les honorer de leur confiance dans les différens pansemens de ces animaux; et voulant de plus en plus mériter l'estime du public, elles vont, pour la facilité des personnes qui ne voudront pas faire de grandes dépenses, donner avis du prix qu'elles prendront :

» Pour couper un chien ou un chat. . 1 liv. 4 sols.
» Pour couper les oreilles. . . . . . 1 liv. 4 sols.
» Pour les yeux, elles donneront une bouteille qui

a la propriété d'ôter les fluxions, d'enlever les taies et les inflammations; pour ce . . . . . . 1 liv. 16 sols.

» Un pot d'opiat pour la poitrine. . . 1 liv. 4 sols.

» Une autre pommade pour remettre les cuisses, ... 1 liv. 16 sols.

» Elles ont des pommades pour la galle, des potions pour faire chienner, et des pommades pour empêcher de grossir les descentes.

» Elles débitent un élixir pour les chiens qui ont la morve, des bols pour ceux qui toussent, et en promettent la guérison, comme aussi des ulcères, cancers, gangrène, etc.

» Elles saignent et tondent les chiens pour 1 liv. 4 sols, en les amenant chez elles.

» Enfin, elles se flattent de guérir toutes sortes de maladies dont ces animaux peuvent être attaqués, comme blessures, cassures, fractures et dislocations. Elles vendent aussi toutes sortes de chiens et de chats.

» Leur demeure est quai Pelletier, où l'on verra leur tableau.

» Vû, permis d'imprimer, ce 12 décembre 1774. LENOIR.

LE SIEUR LYONNOIS.

LE sieur LYONNOIS avait fait fortune en précédant les demoiselles Demoncy et Varechon dans leur docte profession. Il acheta un château dans un village de Bourgogne, situé sur la grande route. Ses paysans voulant recevoir avec pompe leur nouveau maître, se mirent sous les armes, et vinrent ainsi au-devant de la diligence. La voiture s'étant arrêtée, ils demandaient aux voyageurs quel était celui d'entre eux qu'ils devaient saluer comme leur seigneur. Aucun ne faisait de réponse.... Me voici, me voici, mes enfans, cria Lyonnois qui s'était juché sur l'impériale. Et il descendit, tenant son chien sous son bras.

LE SIEUR RUPANO, VÉNITIEN.

Le sieur RUPANO était connu DANS PLUSIEURS COURS DE L'EUROPE, et il avertissait le public qu'ayant eu l'honneur, en passant à Fontainebleau, de faire voir plusieurs tours de physique et de mathématique à LA FAMILLE ROYALE, il aurait également l'honneur d'en exécuter tous les jours à Paris sur LE PONT NEUF, devant tous ceux qui voudraient bien le favoriser de leur présence. Année 1776.

L'histoire désigne plusieurs objets fort curieux qu'il se proposait de céder en même temps aux amateurs; 1.° Plumes d'une nouvelle invention; 2.° très-belle et très-bonne Cire, par le moyen de laquelle on pouvait, avec un très-petit morceau, cacheter plus de mille lettres sans lumière; 3.° Poudre produisant sur-le-champ de l'encre excellente; 4.° Pierre à ôter la rouille; 5.° trois différentes espèces de Poudres à enlever les taches; 6.° Secret de renouveler les vieilles écritures, de sorte que quelque effacés que fussent les caractères, ils ressortaient admirablement; 7.° Poudre excellente pour nétoyer et blanchir les dents, et enlever la carie sans endommager l'émail; 8.° Cire pour la guérison radicale des cors aux pieds, durillons, oignons, etc.

Le trait suivant va nous prouver l'importance d'un autre Secret du sieur Rupano; ceci n'est rien moins qu'une cause célèbre. Un jour un très-riche négociant de Lyon étant venu voir à Paris un de ses correspondans, celui-ci avec lequel il se trouvait seul dans un cabinet isolé, lui présenta tout-à-coup un pistolet armé, et une lettre-de-change de cent mille francs qu'il lui dit de signer. Le Lyonnais fut d'abord un peu interdit, mais se remettant tout-à-coup : ne nous fâchons pas pour si peu, dit-il, la chose est très-facile à faire. Il tire de sa poche une petite écritoire, où se trouvait aussi une petite plume... A quoi bon? demandait le correspondant, voici plumes et encre. — Non, répondait le Lyonnais, je ne puis écrire qu'avec mes plumes. Il souffle sur la sienne (ceci était indispensable), et semble, pendant quelques instans, vouloir absolument s'en servir, quoiqu'elle soit trop desséchée. Ma foi, dit-il, après avoir griffonné en blanc, donnez-moi la vôtre, celle-ci décidément ne veut pas marquer. Se servant alors de la plume et de l'encre du négociant, il approuve l'écriture et signe en toutes lettres. Sorti de chez son homme, il court faire sa déposition. La lettre-de-change est produite en justice. Le Lyonnais affirmait ne rien devoir. Le correspondant s'en rapporte à la signature; il n'y avait pas de témoins de la violence qu'il avait employée. Le juge parut craindre que cette signature ne fût fausse. Bon ! reprit le correspondant, monsieur me l'a si bien donnée librement et en plein jour, que nous étions dans mon cabinet; qu'il voulut long-temps se servir de son encre et de ses plumes; que la sienne ne marquant pas, il me demanda la mienne et s'en servit. » Le Lyonnais, sommé de déclarer si ce récit était vrai, répondit affirmativement; mais ce n'était pas sans dessein qu'il s'était obstiné d'abord à faire usage de sa petite écritoire portative. Il montre la place où il a griffonné en blanc; le juge jette sur cette place une poudre mystérieuse, qui fait ressortir des caractères jusqu'alors restés invisibles, montre ensuite la lettre-de-change, et tout le monde lit, au dessus de la signature: *forcé, le pistolet à la main.*

LA SIGNORA FRANCISCA.

Avis aux amateurs curieux.

La signora FRANCISCA prévient ici les curieux, qu'elle vient d'amener à Paris six serpens originaires de l'Asie, qu'elle a habitués à danser sur la corde. Voici le signalement de ces charmans danseurs: corps en grain d'orge, écaille d'une carpe, yeux d'un crapaud, tête ornée de trois fleurs de lys, gueule armée de trois dards qu'ils ne cessent de lancer avec force, peau luisante comme une glace. Ces artistes n'ont encore que six pieds et demi de long, mais ils sont d'une famille appelée *laculus*, où l'on arrive communément à la taille de vingt-deux pieds. Amenés dans un bâtiment russe, ils ont débarqué à Livourne, où la dame Francisque leur a offert un asile et s'est chargée de leur éducation. Naturellement aussi peu aimables par leur caractère qu'ils sont remarquables par leur physique, ils ont pourtant éprouvé le tendre sentiment de la reconnaissance et de l'amitié. C'est en voyageant avec leur bienfaitrice, qu'ils se sont habitués à obéir à son commandement; ils se replient autour de son corps et de son col, y restent en équilibre, y marchent si elle l'ordonne. Rien ne leur coûte pour elle; c'est pour lui plaire qu'ils se sont avisés d'apprendre à danser sur la corde. En un mot, ces six reptiles sont aussi doux, aussi bien apprivoisés et surtout aussi lestes que six jolis oiseaux qui s'ébattent dans une volière. On a fait à ce sujet le couplet suivant :

Air: *Entre l'amour et l'amitié.*

> Il n'est rien que, chemin faisant,
> Femme ne sache rendre aimable;
> Pour l'homme le plus intraitable
> Exemple vraiment séduisant.
> Le reptile le plus sauvage
> Pour Francisque a pu s'émouvoir....
> Obéit à son doux langage,
> Veut lui plaire et lui rend hommage....
> Tant les dames ont de pouvoir
> Sur leurs compagnons de voyage!

La dame Francisque joignait à ce spectacle la vente d'une pommade composée de différentes graisses, pour entretenir les cheveux et les empêcher de grisonner : nouveau phénomène qui ne nuisait pas à la vue du premier.

LE SIEUR MARTINI.

LE FLAMBEAU DE LA RAISON.

Ce flambeau fait voir clair dans les cartes, où la raison nous dit que doit être tracée la destinée de tous les mortels; seulement on apprend ici que, pour être un Cartonomancien tout à fait raisonnable, il faut tirer l'horoscope à la manière des Égyptiens. Nous devons ces renseignemens au sieur MARTINI, Italien, Physicien, Nécromancien, qui a long-temps voyagé dans plusieurs parties de l'Europe pour se perfectionner dans les sciences de physique et de chiromancie, sciences qui lui avaient été enseignées dès sa plus tendre jeunesse.

Le sieur Martini nous prévient, le flambeau de la raison en main, que s'il jouit du bonheur de le posséder, c'est sans avoir recours aux prétendus sorciers, parce qu'il n'en existe pas; non plus qu'aux magiciens et surtout à la magie noire, parce que de grands auteurs disent qu'elle ne s'opère que par le moyen du Démon qu'il ne connaît pas et n'a pas même envie de connaître, en supposant qu'il y en ait un. Il ne se mêle pas davantage de l'art prétendu d'évoquer les morts, ne voulant pas être assimilé au fameux Agrippa, qui n'était autre chose qu'un charlatan (en prenant ce titre en mauvaise part). Le sieur MARTINI déclare, en secouant sa torche, que s'il connaît l'avenir dans les cartes, c'est à l'aide de divers calculs mathématiques; que s'il tire l'horoscope, c'est à l'inspection des lignes, lesquelles lignes l'auteur de la nature, ajoute-t-il, s'est plu à tracer dans les mains de chaque personne, ce qui est le traité de Chiromancie le plus complet que l'homme puisse approfondir : « en ce qu'elles donnent à l'homme la connaissance de ses événemens heureux ou malheureux, et lui fournissent les moyens nécessaires pour éviter des précipices qui l'engloutiraient infailliblement s'il n'était pas averti assez à temps pour s'en garantir. » *Nota*. Le sieur Martini donnera tous les avis et conseils salutaires que dictent la sagesse et la prudence, pour éviter le mal et parvenir au bien.

Il y a donc urgence. Faites-vous tirer les cartes à la manière des Égyptiens. Quant à moi, je m'arrête à réfléchir que si l'auteur de la nature nous a en effet placé à tous en naissant, un traité de Chiromancie dans les mains, cet auteur par excellence a trouvé là un merveilleux secret pour avoir un grand débit de son livre.

Le sieur JOUANAUX.

TRAITÉ DES SONGES ET DES VISIONS NOCTURNES.

Quoi! je vous aurais appris à connaître les jours heureux et malheureux; je vous aurais donné le Secret de vous rendre invisible et une recette pour prolonger votre vie jusqu'à la spiritualité de 5,557 ans; j'y aurais même joint tout nouvellement une Recette pour être toujours chaste, et, cher lecteur! je vous laisserais en proie aux alarmes renaissantes qui peuvent vous agiter pendant votre sommeil! Vous me traiteriez de barbare et vous auriez raison : Cruel! vous écrieriez-vous, reprends donc tous les biens dont tu nous as comblés! Exclamation affligeante pour un auteur, et qui ne ferait pas non plus rire l'editeur.

Avis.

« Il y a, dit le sieur JOUANAUX, cinq sortes de songes, différemment nommés selon la qualité de chacun d'eux. Le premier, proprement dit, est *songe;* le second, est *vision;*

le troisième, *oracle*; le quatrième, *rêverie*; le cinquième, *apparition*.

« Tout cela est infus dans l'esprit de l'homme pour son instruction et son utilité. C'est pourquoi Dieu promet, dans l'Ecriture sainte, qu'il répandra son esprit sur toute chair, que les fils et les filles prophétiseront, que les anciens songeront des songes et les jeunes gens auront des visions. Les histoires sacrées et profanes sont remplies de tant d'exemples touchant le sens véritable de plusieurs songes, que ce serait être incrédule et peu versé dans les choses naturelles, que de n'y ajouter aucune foi. Hippocrate dit : que lorsque le corps est endormi, l'esprit veille et se transporte partout où le corps pourrait aller, qu'il connaît et voit toutes les choses que le corps pourrait connaître et voir s'il veillait, qu'il touche tout ce qu'il pourrait toucher; enfin, qu'il fait toutes les opérations qu'il ferait s'il était éveillé. Suivant Nostradamus, les songes et les visions sont des avertissemens du Génie qui veille jour et nuit pour la conservation de nos biens et de notre santé; et nous donnent même à connaître les volontés de l'Être Suprême, comme nous le voyons, par l'exem-

ple de Joseph, fils de Jacob, au sujet de l'é-
chanson et du pannetier du roi Pharaon. »
Fin de l'avis.

Voilà des autorités ; cherchons des lumières nouvelles. « L'imagination et l'optique
ne se ressemblent pas mal, dit le philosophe
suédois comte Oxenstiern ; la première ne
travaille que pendant la nuit, la seconde que
dans l'obscurité des ombres : toutes deux ne
produisent que des chimères et des fantômes. »

Ces nouveaux renseignemens nous prive-
ront par exemple de deux subdivisions dans
les espèces de révélations. Notre philosophe
ne connaît que trois sortes de songes, qu'il
distingue ainsi, savoir : songes *divins, naturels* et *diaboliques.* « Les premiers, ajoute-
t-il, viennent directement de Dieu qui, pendant le sommeil, se découvre quelquefois aux
hommes et leur fait connaître sa sainte volonté, leur développe ses mystères, leur découvre l'avenir, et les avertit des malheurs
dont ils sont menacés, afin qu'ils se précau-
tionnent. C'est de cette espèce qu'étaient
ceux des patriarches, des prophètes, des ma-

ges, de Joseph, et autres dont parle la sainte Écriture.

« Les seconds sont *naturels* et viennent de la constitution du corps, lequel se trouvant l'estomac surchargé de quantité de viandes, sent monter à la tête des vapeurs qui produisent ensuite des fantaisies différentes. On observe qu'un homme rempli de choses indigestes, a ordinairement des songes désagréables, et qu'un autre ayant l'estomac surchargé d'humidité, rêve de quelque péril sur l'eau, etc. Les gens mélancoliques sont le plus souvent tourmentés de songes affreux, comme d'assassinats, de bêtes venimeuses, de spectres.

« Les troisièmes songes sont *diaboliques* et viennent du Démon, lequel par la haine qu'il porte à l'homme.... » Mais j'interromps cette dernière définition, parce que décidément je veux imiter ici le sieur Martini et ne me mêler en rien de tout ce qui vient du Démon.

Il n'est question ici que des songes naturels, ce sont les seuls que le sieur Jouanaux expliquait ; il donnait matin et soir sur les quais des consultations gratuites. Les historiens ont recueilli une de ces conférences importantes. — Voyons, messieurs et mesdames, qu'avez-vous rêvé? — Moi, Monsieur, j'ai rêvé que j'entendais le son des cloches. — *Caquets.* Voyiez-vous les cloches? — Oui, Monsieur. — C'est un *dommage* que vous éprouverez. — Monsieur, j'ai vu des charbons. — Etaient-ils ardens? — Oui. — Mauvais signe, *Peine très-cuisante.* — Non, non, je me trompe; ils étaient éteints. — En ce cas, *Joie et triomphe.* — Moi, je coupais du lard. — O ciel! *Mort de quelqu'un de votre connaissance.* — Moi, je cueillais des pommes et des poires. — *Tourment et détresse.* — Monsieur, je chantais des hymnes et des psaumes. — *Obstacle dans vos projets.* — Oh bien! moi, je chantais des chansons; bon signe, n'est-ce pas? — Non, *Courroux.* — Que signifie, Se voir faire de l'onguent? — *Ennui et fâcherie.* — Et faire la cuisine? — *Perte de ses biens.* — Et faire de la pâtisserie? — *Déshonneur.* — Mais vous n'annoncez que des choses sinistres! Moi, j'attachais un tableau. — Tant mieux, *Gloire, illustration.* — Oh bien! et moi, j'attachais un miroir. — Tant pis, *Trahison.*

» Au surplus, ajouta le docte interprète, chaque songe, messieurs, a une très-grande affinité avec les chances de la loterie ; et comme ici bas tout est soumis à la loi des compensations, celui-là même qui annonce des événemens funestes, indique aussi des numéros heureux. Par exemple, vous qui avez rêvé que vous faisiez la cuisine, et qui par conséquent perdrez immanquablement tous vos biens, prenez sur-le-champ à la loterie 3-7-21-53, et vous gagnerez immanquablement le quaterne. »

L'AVEUGLE DU BONHEUR.

L'Aveugle du bonheur eut le malheur d'être extrêmement amoureux et de concevoir un soupçon jaloux qui lui inspira un affreux projet de vengeance. Il creusa l'intérieur d'une bûche, la remplit de poudre à tirer et médita une explosion qui devait faire périr sa maîtresse, préférant les regrets qu'il éprouverait de sa mort à l'idée de la savoir entre les bras d'un autre époux. Le ciel en décida autrement. La trame fut découverte et ce fut l'amant qui périt.

Avant ce fatal amour, l'Aveugle-du-Bonheur était l'espoir et faisait la consolation de tous ceux que la fortune, aveugle comme lui, n'avait pas encore favorisés. Tous les jours ils le trouvaient sur le Pont-Neuf ou sur les quais adjacens. Il leur montrait la déesse capricieuse fixée près de lui sur la roue du Destin, leur faisait tirer des numéros et pour un sou leur livrait plusieurs mille livres. Du fond de sa prison, il montra le même zèle et la même libéralité. Tout le monde perdit à sa mort : tant qu'il vécut, gagnait qui voulait à la loterie.

LE GROS THOMAS.

Le Gros Thomas fut un célèbre arracheur de dents. On prétend qu'il se mêla aussi de tirer l'horoscope, et on lui attribue cet oracle prononcé au Grand-Dauphin : *fils de roi, père de roi, et jamais roi*. Si l'anecdote est vraie, je suis en défaut : je devais mettre le Gros Thomas au nombre de mes Sorciers. Le malheureux proverbe qui dit : *Menteur comme un arracheur de dents*, est cause de mon tort : j'avais cru, je l'avoue, cette profession incompatible avec celle des Devins, que tout le monde sait ne mentir jamais.

Le Gros Thomas opérait sans effort, lorsque la dent tenait peu; mais lorsqu'elle se montrait opiniâtre, il faisait, dit-on, agenouiller son homme, et jusqu'à trois fois le soulevait de terre avec la vigueur d'un taureau. Voilà pour la mâchoire inférieure. On ne dit pas comment il s'y prenait en pareil cas pour la mâchoire supérieure : peut-être employait-il un cabestan.

Nous parlons ici fort à notre aise, nous qu'environnent tous les arts portés à leur perfection. Celui du Gros Thomas lui-même est parvenu, en pleine rue, à son plus haut apogée. Tout le monde sait qu'aujourd'hui la dent la plus tenace est en un clin d'œil enlevée avec la pointe d'un sabre. On pourrait donc à l'avenir ajouter, dans les Dictionnaires de la langue française, aux mots ARRACHEURS DE DENTS et DENTISTES, comme synonyme : *Voyez* SABREURS.

Les talens du Gros Thomas ont été célébrés d'une manière très-piquante en des couplets qui se trouvent dans le 12e. volume du *Chan-*

sonnier français. C'est tout ce que je puis faire que de les indiquer : je n'ai pu me procurer cette collection. Ils sont sur l'air du *Malheureux Lysandre :* l'air seul annonce en eux un grand degré d'intérêt.

LA VOISIN, DEVINERESSE.

C'est une sibylle moderne. La Voisin avait plus d'un talent ; elle tirait fort bien les cartes, elle faisait voir tout ce qu'on voulait voir dans un bocal plein d'eau, et quoi qu'en ait dit le sieur MARTINI, elle avait le don de faire apparaître le diable : heureuse, si elle n'eût pas été conjurée à son tour, et n'eût fini par être forcée de disparaître avec lui.

Elle connaissait le secret le plus intime des familles. En voici plusieurs exemples, où l'on s'efforce de trouver une cause naturelle à chacune de ses opérations magiques, mais l'auteur ne parle ainsi que pour ne pas être pris lui-même pour sorcier, parce que son livre est intitulé *la Boîte à l'esprit.* « Elle dit à un bourgeois, raconte-t-il, qu'elle a une épée enchantée, avec laquelle on tue son adversaire sans courir aucun risque; elle lui vend bien cher cette épée si merveilleuse, et pour le tromper plus sûrement, elle a un homme aposté qui fait une querelle à ce bourgeois, et qui se laisse désarmer dès que le bourgeois veut se servir de son épée enchantée. — Elle sait, par des domestiques qu'elle a placés, que l'on a volé des pistolets, et quel est le voleur. Celui qui a été volé vient la consulter. Elle a eu la précaution de faire peindre les voleurs et les pistolets, ainsi que l'endroit où ils ont été pris. Pendant qu'elle oblige cet homme crédule à regarder dans un grand bassin plein d'eau, elle fait descendre, du haut du plancher, un zig-zag auquel tient une toile où sont peints les deux pistolets posés sur une table. Cette peinture se représente un instant au milieu du bassin, puis elle disparaît. Le même zig-zag fait voir ensuite le portrait du voleur. Le spectateur croit de bonne foi que le bassin est magique, et que le diable y a figuré les pistolets et le voleur. — Comme elle s'entend avec la femme de chambre d'une dame qui veut savoir si son mari mourra avant elle, de quel expédient se sert la devineresse? Elle répond à cette dame qu'on connaîtra cet événement par un signe. L'urne, lui dit-elle, qui est au milieu de plusieurs porcelaines placées sur le plateau de la table de votre cabinet, tombera cette nuit pendant que vous dormirez ; si elle se casse, votre mari mourra le premier; si elle reste entière, vous mourrez avant lui. On comprend que la femme de chambre est chargée de faire tomber l'urne ».

Quoi qu'il en soit de toutes les solutions données par l'auteur de la *Boîte à l'esprit*, aux phénomènes les plus incompréhensibles, il n'en est pas moins vrai que la Voisin fut une Bohémienne en grande vogue, et qui soutint avec gloire cette réputation. Les femmes les plus heureuses en ménage périssaient d'ennui si elles n'avaient pas été consulter la Voisin. Voici une anecdote que l'on raconte à ce sujet, ou plutôt que j'ai lue je ne sais plus où. Un jeune époux avait remarqué qu'à peine était-il sorti que sa femme quittait également le logis, et toujours s'absentait seule et mystérieusement. On peut se mettre à moins martel en tête. Un jour il guette sa jeune moitié, la voit sortir, la suit assez loin ; elle s'élance enfin brusquement dans une allée sombre et étroite : il y entre également, monte sur sa trace, l'entend frapper à une porte que l'on ouvre aussitôt, la voit entrer, et satisfait enfin de savoir où il peut la surprendre, il laisse refermer la porte, curieux avant tout de chercher à entendre quelque chose de la conversation. Il faut dire aussi qu'il avait besoin de quelques minutes pour remettre un peu ses esprits agités, mais elles ne lui furent point accordées, car il entendit aussitôt : *Allons, il faut vous déshabiller, vous mettre absolument nue ; ne faites donc pas l'enfant, ma chère amie, hâtons-nous....* L'époux, voyant par le trou de la serrure qu'en effet sa femme se déshabillait le plus vite qu'il lui était possible, se mit à frapper à coups redoublés. On ouvre enfin, que voit-il? La Voisin, la baguette en main, et sa jeune épouse qui n'avait plus que sa chemise à ôter pour jouir du bonheur de voir apparaître le Diable.

Cette anecdote m'en rappelle une autre, qui peut-être est plus piquante encore, car la chemise elle-même avait été ôtée ainsi qu'un assez grand nombre de pierreries, et la dame, ainsi nue comme la main, fut laissée en possession du logement et du mobilier, savoir, de deux pièces ornées d'un vieux banc, d'une vieille paillasse, et d'une table sur laquelle étaient un bocal et un jeu de cartes : il y avait au moins de quoi la distraire.

Cette dame était venue en équipage, et s'en retourna enveloppée dans le manteau de son cocher; mais elle eut d'abord quelque peine à se procurer cette ressource, parce qu'elle éprouvait un peu de scrupule à se montrer dans tous ses charmes : sans doute elle imita cette héroïne aimée du beau Dunois, qui, en pareil cas,

> De temps en temps fermant ses tristes yeux,
> Ne voyant point, croyait n'être point vue.

Je ne fais pas honneur de ce tour d'adresse à la Voisin, mais il paraît qu'elle avait bien assez de talent pour l'exécuter; car elle finit, dit-on, par commettre ou favoriser tant de vols et d'empoisonnemens, que la justice prit le parti de l'envoyer publiquement faire un tour chez ce même Diable, qu'elle avait tant de fois évoqué. Ce dénouement tragique m'engage à parler maintenant d'un nouveau genre de célébrité plus déplorable que digne d'admiration. La famille de mes Personnages est trop grande, pour qu'il ne s'en soit pas trouvé qu'un mauvais génie ait portés à ne se rendre que malheureusement fameux. Ces branches dégénérées ne lui font pas plus de tort qu'elles n'en font au genre humain lui-même, où les bons et les mauvais remontent à une source commune. Les rues de Paris sont un monde où devaient se trouver à la fois l'heureuse postérité d'Abel et la descendance maudite des enfans de Caïn.

FIN DU PREMIER VOLUME.

TABLE.

TABLE
DU PREMIER VOLUME.

INTRODUCTION OU CHAPITRE PREMIER,
comme on voudra. *pag.* 1

PREMIÈRE PARTIE.
PERSONNAGES INVENTEURS.

Antiquités. 21
   Fête des Fous. 22
   Fête de l'Ane. 23
   TROUBADOURS. *ibid.*
   CHANTEURS, JONGLEURS, JOUEURS, BATELEURS. 26

CONFRÈRES DE LA PASSION. 30
   Cantiques en action. 35
   Premières représentations. 38
   Lettres-patentes. 41

TABLE.

MACHINES, ART DE LA VOLTIGE, ASCENSION SUR LA CORDE. pag. 44
    Madame SAQUI, en 1810. 45
    Un Gênois, en 1385. 46

DISPOSITION DU THÉATRE DES CONFRÈRES DE LA PASSION. 47
POÈMES DRAMATIQUES REPRÉSENTÉS PAR LES CONFRÈRES DE LA PASSION. 53
    Le MYSTÈRE de la Conception et Nativité, etc. *ibid.*
    Ire. JOURNÉE. Exposition du sujet. 56
    Exécution ; poésie. 62
    IIe. JOURNÉE. 77
    IIIe. JOURNÉE. 81
    IVe. JOURNÉE. 82
    V^e. JOURNÉE. 84
    VIe. JOURNÉE. 90
    Auteurs. 93
    Divers autres MYSTÈRES. 97
    Proclamation, cortége. 101
    Cry, ou annonce de l'Entreprise. 104

LA BAZOCHE, LES ENFANS SANS-SOUCI, ET LE PRINCE DES SOTS. 106
    MORALITÉS. 110
    FARCES. 115

TABLE.

Cry des Enfans Sans-Souci.	pag. 118
SOTTISES.	119
Différentes fêtes publiques.	125
Novateurs.	129

PERSONNAGES AUTEURS, ACTEURS ET ENTREPRENEURS. 131

PIERRE GRINGORE, DIT VAUDEMONT. .... ibid.
PONT-ALAIS ou PONT-ALLETZ. 133
JEAN DE SERRE. 136
LE COMTE DE SALLES. 137
JACQUES MERNABLE. .... ibid.

SECONDE PARTIE.

PERSONNAGES IMITATEURS.

GAULTIER - GARGUILLE, GROS-GUILLAUME ET TURLUPIN, Farceurs. 139
  Chansons de Gaultier-Garguille. 150
  Farce. 142
JODELET, GUILLOT-GORJU, Farceurs. 163

JEAN FARINE, Opérateur; BRUSCAM-
BILLE, Farceur. *pag.* 164
MONDOR, Opérateur; TABARIN,
Farceur et beau-père de GAULTIER-
GARGUILLE. 168

   Farce. 169
   Comédie des Proverbes. 173
   Un mot d'une tragédie. 179

NICOLAS FLAMEL, Ecrivain public,
Libraire juré, Poète, Peintre, Mathématicien, Architecte, grand Alchimiste; et sa femme PÉTRENELLE. 180

   Prière pour obtenir la découverte de la
    Pierre philosophale. 188
   Sommes produites par cette découverte. 195
   Prix des denrées au 14e. siècle. 197

CÉSAR, Empirique, Astrologue, Nécro-
mancien, Chiromancien, Physicien,
Devin, Faiseur de Tours magiques, etc. 202
LES SIBYLLES (Prescience). 205
MICHEL NOSTRADAMUS (Divination). 208
MATHIEU LAENSBERG (*idem*). 211
LE GRAND et LE PETIT ALBERT (Magie). 213

TABLE.

Manière de connaître *le naturel et les inclinations des personnes par les diverses parties du corps.* pag. 215

Manière de connaître *les jours heureux et malheureux.* 219

Talismans *pour se rendre invisible.* 226

CORNEILLE-AGRIPPA (Physique occulte). 227
PARACELSE (Puissances invisibles). 230

    Génies élémentaires. 232
    Pierre philosophale ou Secret de faire de l'or. 234
    Eau céleste qui conserve et prolonge la vie. 235

MERCURE (Escamotage, Caducée, Baguette divinatoire). 238
CAGLIOSTRO (sa vie). 241
LE CHEVALIER DIGBY (la fièvre dans les arbres). 263
MESMER (Attouchemens). 268

    Tableau de toutes les jongleries humaines. 272
    Base du Magnétisme. 277
    Pôles du corps humain. 278
    Baquet, Crises. 280
    Tombeaux. 282
    Secret *pour arriver à la spiritualité de 5557 ans* (Cagliostro). 284
    Le Comte SAINT-GERMAIN. 287

Apparition de six ombres. *pag.* 289
Cours de Magie pour les dames. 293
Gagliostro pendu, brûlé et toujours ressuscité. 298
Le Célèbre MOCHINE (Médecin aux urines.) 303
Avis aux ennemis du tombeau (maladies vénériennes). 306
Les Dlles. DEMONCY et VARECHON (guérison des chiens et des chats). 307
Le Sieur LYONNOIS (*idem*). 308
Le Sieur RUPANO, Vénitien, (Encre invisible). 309
La Signora FRANCESCA (Serpens qui dansent sur la corde). 312
Le Sieur MARTINI (Art de tirer les cartes). 314
Le Sieur JOUANAUX (Explication des Songes). 317
L'AVEUGLE DU BONHEUR. 322
LE GROS THOMAS (Arracheur de dents). 323
LA VOISIN, Devineresse. 325

FIN DE LA TABLE.

www.ingramcontent.com/pod-product-compliance
Lightning Source LLC
Chambersburg PA
CBHW060331170426
43202CB00014B/2747